The Family as a Model of the Kingdom of God

가정,
또 하나의 천국

김남준

생명의말씀사

김남준 현 안양대학교의 전신인 대한신학교 신학과를 야학으로 마치고, 총신대학교에서 목회학 석사와 신학 석사 학위를 받았으며, 신학 박사 과정에서 공부했다. 안양대학교와 현 백석대학교에서 전임 강사와 조교수를 지냈다. 1993년 열린교회(www.yullin.org)를 개척하여 담임하고 있으며, 현재 총신대학교 신학과 조교수로도 재직하고 있다. 저자는 영국 퓨리턴들의 설교와 목회 사역의 모본을 따르고자 노력해 왔으며, 아우구스티누스를 비롯한 보편교회의 신학과 칼빈, 오웬, 조나단 에드워즈와 17세기 개신교 정통주의 신학에 천착하면서 조국교회에 신학적 깊이가 있는 개혁교회 목회가 뿌리내리기를 갈망하며 섬기고 있다.

주요 저서로는 1997년도 기독교 출판문화상을 수상한 『예배의 감격에 빠져라』와 2003년도 기독교 출판문화상을 수상한 『거룩한 삶의 실천을 위한 마음지킴』, 2005년도 기독교 출판문화상을 수상한 『죄와 은혜의 지배』를 비롯하여 『구원과 하나님의 계획』, 『게으름』, 『자기 깨어짐』, 『하나님의 도덕적 통치』, 『교사 리바이벌』, 『자네, 정말 그 길을 가려나』, 『목회자의 아내가 살아야 교회가 산다』, 『설교자는 불꽃처럼 타올라야 한다』, 『돌이킴』, 『싫증』, 『개념없음』, 『그리스도인이 빛으로 산다는 것』, 『가상칠언』, 『목자와 양』, 『아이야 엄마가 널 위해 기도할게』, 『깊이 읽는 주기도문』, 『서른통』, 『부교역자 리바이벌』, 『인간과 잘 사는 것』 등 다수가 있다.

가정, 또 하나의 천국

ⓒ 생명의말씀사 2006

2006년 5월 10일 1판 1쇄 발행
2022년 2월 17일 12쇄 발행

펴낸이 | 김창영
펴낸곳 | 생명의말씀사

등록 | 1962. 1. 10. No.300-1962-1
주소 | 서울시 종로구 경희궁1길 6(03176)
전화 | 02)738-6555(본사) · 02)3159-7979(영업)
팩스 | 02)739-3824(본사) · 080-022-8385(영업)

지은이 | 김남준

기획편집 | 태현주, 조해림
편집디자인 | 박소정
표지디자인 | 디자인집
인쇄 | 영진문원
제본 | 보경문화사

ISBN 89-04-14103-6 (03230)

저작권자의 허락없이 이 책의 일부 또는 전체를
무단 복제, 전재, 발췌하면 저작권법에 의해 처벌을 받습니다.

The Family as a Model of the Kingdom of God

가정,
또 하나의
천국

contents

- 저자 서문 | 8
- 책을 열며 | 12

PART 1. 아내들이여 | 17

1. "자기남편"에게 순종하라 | 19
2. 남편이 아내의 머리이기 때문입니다 | 22
3. 범사에 복종하라 | 25
4. 주께 하듯 순종하라 | 29
5. 예수님 한 번 보고, 남편 한 번 보고 | 33
6. 복종하지 못하는 이유 _무지 | 37
7. 복종하지 못하는 이유 _죄 | 39
8. 아내의 불순종과 자녀의 삶 | 42
9. 가정을 향한 하나님의 비전 | 45
10. 불신 남편에게 선을 행하라 | 49
11. 선을 행하지 못하는 이유 | 53
12. 감동을 주는 희생 | 56
13. 희생으로 이루는 사랑 | 58

PART 2. 남편들이여 | 63

14. 연약한 그릇 | 65
15. 애완견 사랑 vs 인격적 사랑 | 69
16. 더 연약한 그릇 | 72
17. 그래서 귀히 여기라 | 76
18. 좋은 남편, 참된 신자 | 80
19. 아담의 핑계 | 83
20. 다스림이 있어야 복종이 있습니다 | 86
21. 하나님의 성품을 아는 지식을 따라서 | 89
22. 아내를 아는 지식을 따라 | 91
23. 자기 아내를 아는 지식을 따라 | 94
24. '전쟁 같은 사랑'으로 실현되는 작은 천국 | 98
25. 끝나지 않는 변명의 고리를 끊는 아내 사랑 | 102
26. 아내 사랑과 창조의 목적 | 105

PART 3. 아비들이여 | 109

27. 사랑으로 연합하라 | 111
28. 하나님의 사랑으로 사랑하라 | 115
29. 올바른 모본을 보이라 | 118
30. 과도한 욕망은 과도한 징계를 불러옵니다 | 121
31. 진실한 모습을 보여 주어야 합니다 | 126
32. 잘못된 기대를 버려라 | 129
33. 하나님 아버지가 우리를 다스리시는 것처럼 | 131
34. 세상을 다스리는 자로 | 134
35. 정복자의 정신을 갖게 하라 | 137
36. 진실한 신자가 되어 자녀를 위해 기도하라 | 141
37. 누구에게 양육의 책임이 있는가? 아비들아! | 144
38. 자녀를 향한 심각한 의무 | 147
39. 자녀 양육에 대한 소극적인 명령, 노엽게 하지 말라 | 150
40. 자녀 양육에 대한 적극적인 명령, 주의 교양과 훈계로 | 153

PART 4. 자녀들이여 | 157

41. 룻의 이야기 | 159
42. 마음으로 공경하라 | 162
43. 가정은 아름다운 교회입니다 | 166
44. 치유된 마음에 깃드는 공경 | 169
45. 하나님을 알지 못했기에 | 172
46. 내 부모는 나를 버렸으나 | 176
47. 상처를 이정표 삼아 | 180
48. 실제적 공경, 물질에 대한 이기심을 버리고 | 182
49. 믿음이 있었기에 | 186
50. 비상한 결단 | 189

| 저자 서문 |

잃어버린 원리를 찾아라

　인생을 살아가는 데 있어서 모든 행동은 원리로부터 나오는 것입니다. 삶에 있어서 원리라고 하는 것은 행동을 생산해 내는 기계와 같습니다. 내버려두어도 계속 그 기계에서 수많은 행동들이 찍혀 나오기 때문입니다.

　그러므로 행동 하나하나를 고치는 것보다 더 중요한 것은 기본적인 삶의 원리를 뜯어고치는 것입니다. 그리고 그 원리가 하나님 앞에서 옳은 것인지를 살펴보아야 합니다.

　어떤 사회심리학자가 행복한 가정에 어떤 특징이 있는지 조사해 보았습니다. 그 가정들의 공통된 특징은, 가장인 남성이 여성화된 가정의 행복지수가 높았다고 합니다.

　오랜 세월 동안 여성들이 남성에 의해 억압받아 왔고, 사회에서도 부당한 대접을 받으며 살아온 것은 사실입니다. 일각에서는 가정이 파괴되고 고통을 겪는 이유가 남성의 횡포 때문이라고 소리 높여 말하기도

합니다. 여성이 무시당하고, 인간으로서 존엄성을 인정받지 못하는 등의 문제들은 한 시대의 커다란 비극입니다.

   시대가 겪고 있는 아픔에 대한 이러저러한 견해가 있습니다. 그래도 우리는 하나님의 생각에 늘 귀기울여야 합니다. 하나님께서 어떤 대답을 갖고 계시는지를 분명히 아는 것이 우리의 인생에 있어 선한 행동을 양산해 내는 단 하나의 비결입니다.

   하나님께서는 성경 말씀을 통해 그리스도인의 가정이 따르고 택해야 할 원리를 가르치고 계십니다. 아내와 남편 사이에, 부모와 자녀 사이에 지켜야 할 여러 가지 덕목이 있지만 모든 덕목을 아우르는 가장 우세한 덕목에 대해 명확하게 지적하고 계십니다.

   먼저 아내들의 남편에 대한 가장 큰 계명은 '복종'입니다. 또한 남편은 아내를 '사랑'하는 것이 최고의 덕목입니다. 부모는 자녀를 사랑하고 주의 교양과 훈계로 가르칠 책임이 있습니다. 그리고 성경은 자녀들에게 부모에 대하여 배우고 순종하는 자세를 가질 것을 당부합니다.

오늘날의 가정들은 인간의 존엄성을 보호하기 위해 각자의 개성을 존중한다고 합니다. 물론 다양성을 인정하는 것도 중요합니다. 하지만 가족 구성원들이 모두 바라고 따라야 할 덕목이 없다면 그 가정은 일관성 없이 비틀거릴 것입니다. 가정의 구성원들이 모두 권위를 인정하고 따를 수 있는 가장 우세한 덕목이 있어야 합니다. 바로 성경의 여러 곳에서 그 덕목을 제시하고 있는 것입니다.

창조의 주관자가 되시는 하나님, 이 땅에 모든 만물을 지으시고, 사람을 지으시고, 가정을 만드신 하나님께서는 본래 의도하셨던 피조 세계의 모습을 회복하시기를 원하십니다. 이 귀한 일에 여러분 하나하나를 부르셨고, 여러분이 속한 가정이라는 공동체를 통하여 하나님의 역사를 이루시기를 바라십니다. 저에게는 여러분이 그 하나님의 마음을 헤아려드렸으면 하는 소원이 있습니다.

　여러분의 가정을 '또 하나의 천국'으로 만들기 원하시는 하나님의 바람이 이루어졌으면 좋겠습니다.

　궁극적으로는 하나님의 창조의 목적이 이 땅 가득 이루어지는 그 날이 여러분의 가정을 통해 앞당겨지기를 간절히 기도합니다. 이제 함께 살펴볼 말씀들을 통해 성경이 제시하는 가정의 불변하는 원리를 소유하시기 바랍니다.

그리스도의 노예
김남준

| 책을 열며 |

즐거운 우리집

아내의 일기

　남편은 고집쟁이다. 두고 보면 내 생각이 맞는데도, 끝까지 자기만 옳다고 고집을 부린다. 자신이 한 집안의 가장이라는 사실을 알기나 하는 걸까? 아이들도 있는데 왜, 매번 어리석은 결정을 내려 가정이 어려움을 겪도록 하는지 모르겠다. 그래도 지금 내 곁에서 누가 업어 가도 모를 정도로 깊이 잠들어 있는 남편을 보니, 안쓰러운 생각이 든다. 이렇게 잘 때만 예쁘게 보이니……. 남편의 고집을 무작정 참아 주자니 가정의 미래가 걱정되고, 맞대결 하자니 집안이 시끄럽고, 난 어쩌면 좋을까?

남편의 일기

　하루 종일 김 부장에게 시달렸다. 차라리 직접적으로 내 업무 능력에 관해 말해 주면 좋겠는데, 묘하게 인신 공격을 하며 나를 못살게 군다. 어쩌란 말인가? 오늘은 퇴근 시간까지 겨우 견디다가 즐거운 우리집으로 직행을 했다. 문을 열고 들어섰다. 나를 개선장군처럼 반길 아이들을 상상했건만, 큰 녀석은 제 방에서 나오지도 않고, 작은 녀석은 온라인 게임에 빠져 얼굴도 돌리지 않고 말로만 인사를 한다.

아내는? 무슨 이유에서인지 입이 오리만큼 나와 있다. 차려 놓은 밥을 몇 숟가락 뜨고, 방으로 들어와 TV를 켰다. 한참 뉴스를 보고 있는데, 아내가 툴툴거리며 말을 걸어 온다. 매일 하는 이야기……. 아무리 궁리해도 해결책도 안 나오는 끝이 없는 이야기를 늘어놓는다. 나보고 어쩌라는 말인지…….

우리가 정말 사랑해서 결혼한 걸까?

부모의 일기

오후에 옆집 하늘이엄마가 잠깐 놀러 왔었다. 우리의 대화는 늘 아이들 교육에 관한 내용이다. 오늘도 주제는 변함이 없었다. 하늘이와 우리 지석이는 학교에서 같은 반은 아니지만, 주일학교에서는 한 반이다. 하늘이엄마는 하늘이와 동생들을 잠깐 놀이터에서 놀게 한 뒤, 우리집에 온 모양이었다. 지석이는 학원에 가 있는 시간에 옆집 아이들은 놀이터에서 놀고 있다니, 마음이 뿌듯하기도 했다. 우리 아이가 좀 더 우등해질 수 있다는 기대감 같은 것이 생겼다.

그런데 하늘이엄마는 늘 천하태평이다. 그 엄마는 다른 아이들이 학원을 열 군데 이상씩 다니는 걸 보면, 불쌍하다는 생각밖에 안 든다고 말한다. 그래서 하늘이는 정말 다니고 싶은 학원 한두 군데만 다니게 한다는 것이다. 내가 보기에는 하늘이가 참 안 됐는데……. 앞으로 더 치열해질 생존 경쟁 시대에 우리 아이가 도태 된다는 것은 생각만 해도 아찔한 일이다. 그런데 참 이상하다. 하늘이엄마는 믿는 구석이 있는지, 늘 평안해 보인다. 혹시, 하늘이가 세기에 한 명 나올까 말까 한 영재인데, 그 사실을 숨기고 있는 것은 아닐까?

자녀의 일기

방과 후 하늘이네 집에서 숙제를 하기로 했다. 본격적인 학원 수업이 시작되기 전, 잠깐의 시간을 이용해 숙제를 하기로 한 것이다. 하늘이네 집 초인종을 누르자 하늘이엄마가 반갑게 맞이해 주셨다.

예전부터 난 하늘이네 엄마가 우리 엄마였으면 좋겠다는 생각을 했었다. 항상 상냥하시고, 학원도 조금만 보내시고, 하늘이가 하는 이야기를 끝까지 들어 주신다. 하늘이는 자기가 겪었던 창피했던 일도 엄마에게 다 말하는 것 같다. 나는 그런 하늘이네 엄마가 너무 좋았다. 그런데도 하늘이 말을 들어 보면, 가끔 회초리를 들기도 하신다니 믿어지지가 않는다.

우리 엄마는? 엄마 얼굴이 어떻게 생겼는지도 잊어버릴 정도다. 오히려 학원차 운전기사 아저씨 얼굴이 더 선명하게 생각이 나는 것 같다. 내 방에는 나보다 어린 나이에 명문 대학에 입학했다는 한 아이의 사진이 붙어 있다. 난 그 아이에게 관심이 없는데, 우리 엄마는 그 아이가 무척 맘에 드시는가 보다.

나도 엄마한테 학교에서 창피했던 이야기도 솔직하게 해주고 싶고, 신나고 재미있었던 일도 이야기해 주고 싶다. 얘기할 시간도 없지만 나를 향한 엄마의 기대에 찬 표정을 보면 말문이 막힌다. 에이! 모르겠다. 방에 들어가 미니 홈피나 둘러봐야겠다. 웹 상에서라도 '즐거운 나의 집'을 만들어 봐야지.

이 일기는 어떤 유별난 가정의 특별한 이야기가 아닐 것입니다. 평범한 가정에서 일어나고 있는 크고 작은 갈등의 한 단면일 것이라고 짐작해 봅니다. 처음에는 아주 작고도 비밀스러운 마음의 일렁임일테지만, 서로 대화와 공감 없이 오랜 시간이 지난다면, 돌이킬 수 없는 아픔이 될 수도 있습니다. 더 늦기 전에, 가족들 각자의 마음속에 비밀스러운 마음의 움직임을 살펴보십시오. 대화와 공감의 물꼬를 터야 합니다.

서로 이해하는 것만으로는 부족합니다. 그리스도인의 가정은 모두가 함께 공유할 수 있는 진리가 필요합니다. 가정을 향해 하나님께서 뭐라고 말씀하시는지 함께 그 음성을 들어야 합니다. 각자의 삶에 일어나고 있는, 부모도, 자식도 통제할 수 없는 수많은 움직임들을 무엇으로 어거해 갈 수 있을까요? 해답은 진리 안에 있습니다. 가정을 향한 하나님의 진리의 말씀을 붙잡읍시다.

저자와 함께 그 길을 향해 조심스러운 한걸음을 내디뎌 봅시다. 하나님께서 진리를 통해 친히 인도하실 것을 믿으며……

PART 1

아내들이여

아내들이여 자기 남편에게 복종하기를 주께 하듯 하라 이는 남편이 아내의 머리 됨이 그리스도께서 교회의 머리 됨과 같음이니 그가 친히 몸의 구주시니라 그러나 교회가 그리스도에게 하듯 아내들도 범사에 그 남편에게 복종할지니라(엡 5:22-24)

아내 된 자들아 이와 같이 자기 남편에게 순복하라 이는 혹 도를 순종치 않는 자라도 말로 말미암지 않고 그 아내의 행위로 말미암아 구원을 얻게 하려 함이니 너희의 두려워하며 정결한 행위를 봄이라……이는 하나님 앞에 값진 것이니라 전에 하나님께 소망을 두었던 거룩한 부녀들도 이와 같이 자기 남편에게 순복함으로 자기를 단장하였나니 사라가 아브라함을 주라 칭하여 복종한 것같이 너희가 선을 행하고 아무 두려운 일에도 놀라지 아니함으로 그의 딸이 되었느니라(벧전 3:1-6)

1

"자기 남편"에게 순종하라

"아내들이여 자기 남편에게 복종하기를 주께 하듯 하라"엡 5:22. 이 말씀을 잘 살펴보십시오. 저는 이 말씀을 보면서 가장 눈에 띄었던 단어가 "자기 남편"이었습니다. 아내와 남편은 결혼을 함으로써 의미 있는 관계가 되는 것이지 결혼하기 전이라면 길에서 스치고 지나가도 상관없는 존재입니다.

그래서 아무리 교회의 한 지체로 맺어졌다 하더라도 각각 여자, 남자일 뿐 여자가 남자에 대하여 복종할 이유는 없습니다. 이 말씀에서 복종해야 할 대상에 대해 "자기 남편"이라고 분명하게 밝히는 이유가 바로 여기에 있는 것입니다. 이 말씀은 남녀에게 적용되는 것이 아니라 부부에게 적용되어야 할 말씀이기 때문입니다.

한 여자가 부모를 떠나서 결혼을 합니다. 그리고 한 남자를 자기의 남편으로 받아들이는 서약을 합니다. 이 서약은 "남편에게 사랑받을 권리를 지키기 위해 수단과 방법을 다 동원하겠다."는 서약이 아닙니다. 결혼 서약은 한 인격체인 남자를 자기 남편으로 맞아들이므로 그에게 깊이 복종하며 살 것을 하나님과 증인들 앞에서 약속하는 결단입니다. 남편과의 관계 속에 하나님께서 의도하신 질서의 경륜이 복종임을 마음 깊이 받아들이는 시간인 것입니다.

물론 "남편이 가장으로서 제 구실을 못하는데 무슨 복종입니까?" 하고 반문하는 사람이 있을지 모르겠습니다. 여기서 한 가지 주의해야 할 것이 있습니다. '복종'이라는 덕목은 남편이 아내에게 어떻게 해주느냐에 따라 따르기도 하고 따르지 않기도 할 수 있는 문제가 아니라는 것입니다.

그 누구보다 남편을 잘 아는 아내는 남편에 대하여 많은 흠을 잡을 수 있고, 남편의 가장 큰 약점이 무엇인지 알기 때문에 복종하기 힘든 것이 사실입니다. 그러나 우선, 아내로서의 마땅한 도리가 무엇인지를 정확히 안 이후에 생각해도 늦지 않을 것 같습니다.

본문에서는 남편에게 복종하라는 말씀 뒤에 복종의 태도가 어떠해야 하는지 언급하고 있습니다. "교회가 그리스도에게 하듯"엡 5:24 복종하라고 말합니다. 교회가 그리스도께 언제 복종해야 합니까? 주님께서 우리에게 물질의 복을 넘치게 주실 때 복종해야 합니까? 성령 충만할 때만 복종해야 합니까?

아닙니다. 곤고하거나 충만하거나, 괴로우나 슬프나 언제라도 그리스도께 복종함이 마땅합니다. 주님은 그것을 가장 질서 있다고 생각하시며, 그렇기 때문에 아름답다고 여기시는 것입니다. 그렇다면 남편에 대한 복종이 남편의 처신에 따라 행할 수도 있고 그렇지 않을 수도 있는 조건적 반응이 아니라는 것이 너무도 분명해집니다.

이렇게 분명한 말씀 앞에서 '자기 남편에게 복종하라!' 는 명령에 어떤 이의를 달 수 있겠습니까?

아 · 내 · 의 · 기 · 도

남편에 대한 아내의 제1의 덕목이 그 무엇도 아닌 복종이라니……. 다른 건 다 잘 할 수 있는데, 제가 가장 못하는 게 복종이랍니다. 하나님은 항상 왜 이렇게 어려운 것만 하라고 하시는지 모르겠습니다. 이런! 제가 또 토를 달고 있군요. 남편에게 복종하라고 말한 주체가 남편도 아니고, 우리 하나님이시니 절대 복종해야겠지요? 주님, 정말 애써 보겠습니다. 노력하는 모습 보일 때마다 더 잘하도록 힘주시고, 불순종하려고 할 때마다 따끔하게 혼내 주세요.

2

남편이
아내의 머리이기 때문입니다

그러면 남편에게 복종해야 하는 이유는 무엇일까요?

일반적으로 아내가 남편에게 복종하는 이유는 두 가지 정도입니다.

첫 번째는 남편이 워낙 강한 카리스마를 갖고 있는 경우입니다. 남편이 완력이든 재력이든 아내에게 무시당하지 않을 만한 힘이 있을 때 아내가 전적으로 복종합니다. 그런데 이 질서는 아내의 마음에 상처를 남깁니다. 남편을 향하여 복종하기는 하지만 아내의 가슴에는 한이 맺힙니다. 이것은 아내에게도, 남편에게도 큰 비극입니다.

두 번째는 남편이 아내에게 워낙 잘해주는 공처가인 경우입니다. 남편이 잘해주니까 당연히 남편에게 복종할 마음이 생기는 것입니다. 이것은 오고 가는 이해 관계 속에서 싹튼 순종이기 때문에 오래 지속될 수 없습니다.

성경은 아내가 남편에게 복종해야 할 이유를 간단히 제시합니다. "이는 남편이 아내의 머리 됨이 그리스도께서 교회의 머리 됨과 같음이니" 엡 5:23. 남편이 아내의 머리가 된다는 것은 단순히 서열상 남편이 위에 있고 아내가 그 밑이라는 의미가 아닙니다. 여기서 말하는 머리라 함은 남자로 태어났다는 이유로 하나님 앞에 절대적으로 우대받는 존재가 된다는 의미가 아닙니다. 머리에 대한 정확한 개념은 그리스도와 교회의 관계 속에 오롯이 녹아 있습니다.

교회의 머리이신 그리스도와 교회와의 관계를 잘 생각해 보십시오. 몸인 교회는 머리이신 그리스도가 의도하는 대로 움직입니다. 이것이 정상적인 교회입니다. 그리스도께서 성도들을 예배로 부르시고, 성도들은 경배를 드리고, 그리스도께서 말씀하시고, 성도는 아멘으로 화답합니다. 또한 성도들의 탄원을 들으시고 긍휼히 여기사 하나님의 뜻을 따라서 응답해 주십니다.

하나님이 세우신 교회의 아름다운 질서가 아내와 남편 사이에 존재하는 질서에 배어 있다는 사실을 바울은 우리에게 말하고 있습니다. 하나님께서 원하시는 것은 남편이 머리라 하여 우등함을 과시하며 사는 것도, 아내가 남편의 완력에 의해 어쩔 수 없이 복종하는 모습을 취하는 것도 아닙니다. 하나님께서는 그리스도께서 교회를 다스리시는 것처럼 남편도 그렇게 가정을 다스리고, 아내도 교회가 그리스도께 복종하듯 남편에게 복종하기를 원하시는 것입니다.

아 · 내 · 의 · 기 · 도

남편이 아내의 머리가 되는 것이 그리스도께서 교회의 머리가 되심을 닮은 가정의 질서임을 알았습니다. 아내로서 남편이 머리가 되는 것에 반감을 갖지 말아야 할 충분한 이유가 있음도 알았습니다. 말씀을 통해 가정의 올바른 질서를 알아 가고, 가정에 대한 진리를 더욱 풍성히 알아서 가정을 향하신 하나님의 뜻을 충분히 이루어 드리는 아내가 되기를 원합니다.

3

범사에 복종하라

"교회가 그리스도에게 하듯 아내들도 범사에 그 남편에게 복종할지니라"엡 5:24. 이 말씀에서 "범사"라는 단어는 모든 일에 있어서 남편에게 복종할 것을 이야기하기 위해 도입된 단어입니다.

하나님께서 정하신 질서 안에서 남편은 아내를 다스립니다. 부부의 모든 일에 있어서 아내는 남편에게 '복종'이라는 제1의 덕목을 지키도록 되어 있습니다.

그런데 때때로 의견이 일치하지 않을 때가 문제입니다. 성자 같은 남편과, 방금 회개하고 그리스도인이 된 아내가 살아간다면 다스리고 복종하는 일에 어려움은 없을 것입니다.

그러나 살다 보면 지극히 현실적인 문제 때문에 서로 의견 차이가 생기게 되고, 그 틈을 좁히는 과정에서 언쟁과 다툼이 생기기 마련입니다.

아이들 교육 문제, 집안의 경조사, 이사 문제 등등 가정의 다양한 문제들을 놓고 남편과 아내의 의견이 나뉠 수 있습니다. 성경이 지적하는 것은 이런 문제들에 대해 아내가 무조건 남편의 의견을 따라야 한다는 것이 아닙니다. 아내의 마음속에 있는 경향성이 어떠해야 하는가에 주목하고 있는 것입니다.

부부 싸움이 일어나게 되는 동기를 잘 살펴보면 대부분 고집을 세우지 않아도 될 일인데도 자기의 의견을 관철하려고 하는 데서 문제가 시작되는 경우가 많습니다. 이런 경우 아내의 역할이 중요한데, 이때 아내는 남편이 명백히 잘못된 주장을 하지 않는 이상, 일단 그것을 순종해야겠다는 마음의 경향을 갖고 있어야 합니다.

하지만 대부분의 아내가 남편의 말 중에서 자신에게 충분히 수긍이 되는 것만 순종하려고 하니, 이것이 문제입니다. 충분히 수긍이 되는 의견은 엄연히 따지자면 남편의 의사가 아니라 내 의견, 즉 아내의 의견입니다. 결국 자신의 의견을 관철하기 위해, 불복종이라는 극단적인 반응을 통하여 남편을 통제하려고 하는 경향, 이것을 성경은 옳지 않은 태도라고 지적하고 있는 것입니다.

아내인 여러분, 이 말씀을 깊이 묵상해 보십시오. 남편의 말이라는 사실 때문에 하자가 없는 한 순종하며 살려고 하는 경향이 여러분의 마음속에 흐르고 있는지 한번 생각해 보십시오.

주님께서 우리의 인생을 어떤 방법으로 인도해 가십니까? 우리가 깊이 동의할 수 있는 방향으로 우리의 인생을 인도하시고, 우리가 좋아하는 일만 명령하실 때 "아멘." 하지 않을 사람은 없을 것입니다. 하지만 때때로 하나님께서는 특별한 뜻을 품으시고, 우리가 원치 않는 길이라 할지라도 하나님의 기쁘신 뜻을 따라서 우리를 인도하시지 않습니까?

그래서 우리에게 필요한 것이 물인데도, 물 한 방울 샘솟지 않는 광야를 지나게도 하십니다. 우리는 푸른 초장에서 쉬고 싶은데, 험난한 골짜기로 접어들게도 하십니다. 하나님께서 우리를 고난 당하게 하셔도 우리는 하나님을 원망하며 그분께 불순종해서는 안 됩니다. 하나님께서는 그때에도 우리가 범사에 하나님의 선하심을 믿으며 순종하기를 원하십니다.

물론, 남편이 하나님처럼 완전한 선의를 가진 존재는 아니지만 아내가 남편의 명령과 가르침, 그리고 다스림에 순종하는 것이 부부간의 기본적인 질서라는 말입니다. 그러기에 신앙적으로 커다란 문제를 일으키고, 누군가에게 심각한 손해를 주고, 가정의 기본적인 질서를 파괴할 만한 위험과 부담이 수반되지 않는 한 복종해야 합니다.

하나님의 명령이기 때문에 눈물을 머금고 어쩔 수 없이 복종하는 것이 아닙니다. 그렇게 순종해 보지 않아서 그렇지 그 명령을 따라 살아간다면 여러분과 여러분의 가정에 훨씬 더 큰 기쁨이 있을 것입니다. 이 말씀이 바로 하나님의 명령이자 명령에 순종하는 자에게 복 주신다는 약속의 말씀이기 때문입니다.

아내인 여러분의 마음이 남편을 향해 어떤 경향성을 품고 있는지 찬찬히 살펴보십시오. 어떻게 해서라도 남편이 내 뜻을 따라주어야 한다는 마음은 아내의 영적 생활에 암초가 되어 박힐 것입니다. 이것은 남편과의 관계에서 그치지 않고 궁극적으로 하나님과 아내 사이에 장애물이 되어 하나님과의 교제에도 차질을 빚게 될 것이 분명합니다.

여러분의 영적 삶이 침체 가운데 오랫동안 지루한 시간을 보내고 있다면 혹시 남편에 대한 불순종이라는 암초가 여러분을 침체에 인박이게 한 것은 아닌지 생각해 봅시다. 만일 그렇다면, 남편에게 불순종했던 시간을 돌아보며 하나님 앞에 철저하게 회개하십시오. 그 문제를 해결하지 않는 이상 아내의 '범사'에는 참된 평안함이 없을 것입니다.

아내 된 여러분의 회개로 여러분의 가정을 하나님 앞에서 새롭게 할 수 있음을 기억하십시오.

아 · 내 · 의 · 기 · 도

남편의 지혜롭지 못한 결정이 몰고 올 결과가 불 보듯 뻔할 때가 있습니다. 그래서 남편에게 직접적으로 항의할 때가 참 많았던 것 같습니다. 이럴 때 참는 것은 제게는 정말 너무 힘든 일인데……. 참고 범사에 남편에게 적극적으로 순종하겠다는 태도로 살아야 한다는 말씀이 너무 쓰게만 다가옵니다. 깨닫고 알게 된 이상, 말씀에 순종해야겠지요? 주님, 은혜를 주옵소서. 힘을 주옵소서. 저도 저의 의지를 드려 남편에 대한 태도를 바꾸기 위해 노력하겠습니다. 성령님의 도우심을 구합니다.

4

주께 하듯 순종하라

하나님께서 신자에게 충만히 은혜를 주실 때, 신자들은 온통 하나님에 대한 생각과 그분에 대한 사랑으로 가득하여 하루하루를 살게 됩니다. 그때에는 아침에 눈 뜨면 애인이 보고 싶은 것이 아니라, 주님이 생각나고 그분을 향한 찬양이 절로 나옵니다.

> 구주를 생각만 해도 내 맘이 좋거든
> 주 얼굴 뵈올 때에야 얼마나 좋으랴

삶의 전 영역에서 하나님의 임재하심을 인식하고 살았던 우리의 훌륭한 선배 요셉의 삶을 떠올려 보십시오. 보디발의 아내가 아무도 보는 이가 없으니 함께 동침하자고 요셉을 유혹했을 때, 요셉의 반응이 어떠했습니까? 정말 그 방에는 보디발의 아내와 요셉밖에는 없었습니다. 그러나 요셉은 즉시 "내가 어찌 이 큰 악을 행하여 하나님께 득죄하리이까."라고 말했습니다. 신앙이 없는 보디발의 아내의 눈에는 둘밖에 보이지 않았지만 항상 하나님께 집중하고 있었던 요셉의 눈에는 무소 부재하시는 하나님의 임재가 보였던 것입니다. '하나님은 언제 어디나 계시다. 그분은 모르는 것이 없으시다.' 이러한 인식은 신자에게 꼭 필요한 인식입니다.

연애할 때는 상대방의 눈빛 하나로 천국과 지옥을 오갈 정도로 서로에게 집중합니다. 부모의 자식 사랑도 마찬가지입니다. 아이의 재롱을 보고 있노라면 부모의 마음은 녹아 버릴 것만 같이 즐겁다가도, 아이가 열이 오르고 토하고 보채기라도 하면 대신 아플 수 없는 것이 안타까워 눈물을 흘리기도 합니다. 이렇게 열애하는 상대를 향하여 집중하듯, 우리가 믿는 하나님을 향해서도 우리의 모든 시선이 고정되어야 합니다. 이것이 주님을 향한 모든 태도의 바탕입니다.

본문은, 아내들은 남편에게 복종하되 "주께 하듯" 복종하라고 말합니다. 앞서 말했듯이 주님께 대한 우리의 태도가 온전한 집중, 헌신이어야 한다면, 주께 하듯 남편에게 복종하라는 말씀의 의미 또한 남편을 향한 온전한 집중을 말하는 것입니다. 결혼은 인격적인 결합입니다. 한 여자가 한 남자의 아내가 되기로 하는 것은 그녀의 모든 삶의 목표와 바라보는 시선을 남편과 일치시키고 그의 뜻에 적극 동의하고 헌신하겠다는 결단입니다. 이것이 싫은 사람은 독신으로 사는 것이 나을 것입니다.

인격적으로 남편과 깊이 연합되지 않은 아내가 남편에게 무작정 복종한다고 할 때, 그 복종은 인격적인 복종일 수 없습니다. 오히려 아내 입장에서는 폭력처럼 느껴질 것입니다.

너무나 많은 여성이 잘못된 사고 방식을 갖고 있습니다. '지금이 어떤 시대인데……. 난 독립된 인격체로서 내 나름의 생각대로 살 자유가 있어. 남편 한 사람에게 묶여서 사는 것은 전근대적이고 어리석은 생각이야.'

결혼은 출발부터가 우리가 일반적으로 생각하고 있는 것과는 달라야 합니다. 이혼율이 급상승하는 이유가 무엇입니까? 남편이 경제적으로 무능하고, 아내의 인격이 미숙한 것이 문제일까요? 수많은 이유가 있고, 이혼하는 사람마다 독특한 사연이 있을 것입니다. 하지만 근본적인 이유는 따로 있습니다. 결혼의 출발 자체가 잘못되었기 때문입니다. 결혼은 하나님께 영광을 돌리는 공동체를 이루기 위한 동기에서 시작되어야 합니다.

아내들이여! 교회의 지체들이 머리이신 그리스도께 복종하듯이 남편에게 복종하라고 하신 명령을 항상 기억하십시오. 하나님 앞에서 복종하는 삶이 하나님을 향한 집중과 그분과의 인격적인 연합 가운데 이루어지듯이, 남편에 대한 집중과 그와의 인격적 연합으로 남편에게 복종하는 아내들이 되시기를 바랍니다. 이것이 하나님께서 정하신 질서입니다.

아 · 내 · 의 · 기 · 도

정말 사랑했고, 확신이 있어서 결혼했는데, 결혼하고 보니 알아야 할 것도 많고, 얻은 만큼 희생해야 할 것도 많은 것 같습니다. 결혼과 가정을 통해 한 인간으로서 온전하지 못했던 저를 빚어 가시는 하나님을 찬양합니다. 아내라는 자리가 하나님을 더 많이 닮아갈 수 있는 방편이 되기를 간절히 소망합니다.

5

예수님 한 번 보고, 남편 한 번 보고

성경은 불신 남편을 위해 피눈물을 쏟으며 기도하고 헌신해야 하며, 남편에게 복종하는 것이 하나님께서 정하신 질서라고 말합니다. 하나님께서 어떤 것을 명령하실 때는 인간이 쉽게 불순종하는 영역들에 대한 부분을 지적하십니다. 그 이유는 넘어지기 쉬운 부분이 어디인지 깨닫게 하시고 주의하게 하시려는 것입니다.

그러나 그것만큼 중요하고 간과해서는 안 되는 부분은 그렇게 주의를 주시는 하나님의 마음입니다. 연약한 부분을 파헤쳐서 우리를 고치시려는 의도뿐만이 아니라, 연약함을 알고 하나님 앞에 나아가면 이길 힘을 주시겠다고 약속하시는 것까지 포함된 주의 사항인 것입니다. 하나님께서는 남편에게 복종하며 선을 행할 힘을 주시겠다는 약속을 담아 베드로의 입술을 통해 말씀하고 계십니다.

베드로는 아내들에게 권면하면서 "전에 하나님께 소망을 두었던 거룩한 부녀들처럼"벧전 3:5이라는 표현을 씁니다. 여기에 남편에게 복종하고 그에게 선을 행할 힘이 어디서 비롯되는가에 대한 확실한 답이 있습니다.

해바라기처럼 남편만 바라는 아내들이 있습니다. 하나님 앞에 열심히 기도하고도 남편만 봅니다. 선을 행하고 나서도 남편, 기쁠 때도 남편, 슬플 때도 남편만 봅니다. 이것이 문제입니다. 거룩한 부녀들처럼 하나님께 소망을 두라는 말입니다. 그럴 때, 하나님의 주의 사항을 그야말로 주의하고 순종할 수 있는 힘이 생기는 것입니다.

남편을 바라보면서 인내하려고 해보십시오. 단 1분도 참을 수 없을 것입니다. 대단한 의지로 꽤 오랜 시간을 참는다고 하여도, 언젠가는 자기 성질이 불쑥 정체를 드러낼 것입니다. 구약의 경건했던 부녀들은 어떤 상황 속에서도 자기 남편을 '주'라 불렀고, 신약의 경건한 아내들은 자기 남편의 영혼 구원을 위해서 선행하며 살았습니다.

이 모든 것을 가능하게 했던 요인은 남편에게 있지 않았습니다. 그들이 그토록 바라던 하나님께 있었던 것입니다. 하나님을 바라보고 또 자신들을 위해서 못박히신 십자가를 바라보았기 때문에 그들이 경건한 아내라 칭함을 받을 수 있었던 것입니다.

어떤 부인이 남편에게 교회에 같이 가자고 무릎을 꿇고 애원하였습니다. 그리고는 일주일 동안 금식을 하면서 남편이 변화받게 해 달라고 간절히 기도하였습니다. 일주일 후 남편이 아내의 간절함에 감동을 받앉는지 함께 교회에 나가게 되었습니다. 부인은 일생일대의 감격 속에서 예배를 드리고 있었습니다. 평소에 산만하였던 남편도 조용히 목사님의 말씀을 경청하는 것 같았습니다. 몇 분 후, 부인의 귀를 울리는 소리가 들렸습니다. 옆을 보니 남편이 의자에 목을 기대고 코를 골고 있었습니다. 이 때 아내의 무너지는 마음을 누가 다 알겠습니까?

남편에게는 무엇을 기대하는 것이 아닙니다. 아내의 기대에 어긋나는 남편도 한심하지만 그런 남편에게 수시로 기대를 거는 아내가 더욱 안타깝습니다. 썩어질 것들을 위해서 이른 아침부터 밤 늦게까지 일하는 남편, 잠시 있다 사라질 육체의 쾌락과 즐거움에 매몰되어서 하나님이 슬퍼하시는 일을 서슴지 않고 행하는 남편, 죄와 세상 사랑이라는 때에 찌들어서 어디 하나 하나님의 은혜의 햇살이 깃들 만한 여유가 없는 남편을 보십시오. 그래도 소망이 생기십니까?

남편에게는 소망이 없지만 우리의 가정을 사랑하시는 하나님께는 소망이 있습니다. 하나님께 소망이 있기에 우리는 그리스도의 정신으로 인내하고 사랑할 수 있습니다.

서두에서 밝혔듯이 남편에게 순종하고, 불신 남편에게 선을 행하는 것이 만만한 일은 아닙니다. 때문에, 하나님께서 경건한 부녀들의 소망이 어디에 있었는지를 강조하시는 것입니다. 믿지 않는 남편의 핍박이 거세지면 거세질수록 아내의 희생을 통해서라도 남편을 변화시키기 원하시는 하나님을 바라보십시오. 순종하기에는 너무도 철이 없는 남편을 보면서 억울한 감정을 갖기보다는 어린양처럼 묵묵히 십자가를 지신 예수 그리스도를 생각하십시오.

아·내·의·기·도

하나님, 오늘도 남편은 리모컨을 쥐고 소파에 누워 말없이 스포츠 뉴스를 보고 있습니다. 험한 산처럼 버티고 서서는 절대로 변화될 생각을 하지 않습니다. 이런 남편에게 선을 행해야 하겠습니까? 그의 뜻에 순종해야겠습니까? 남편을 향해 있는 저의 눈이 남편에게 순종하며 선을 행할 힘을 주시는 하나님께 향하길 원합니다.

6

복종하지 못하는 이유 _ 무지

저는 남편에게 복종하는 것이 얼마나 중요한지 여러 번 언급하였습니다. 이것은 성경에서도 아주 중요하게 다루는 진리입니다. 그토록 중요한 계명인데도, 사실 남편에게 복종하는 아내들은 별로 없는 것 같습니다. 왜 복종하지 못할까요? 여러 가지 원인이 있지만 크게 두 가지를 지적하려고 합니다.

첫 번째 원인은 무지입니다. 가정이 어떤 질서 위에서 세워졌고, 어떻게 할 때 하나님께서 아름답게 여기시고 기뻐하시는지 알지 못하는 것입니다. 그래서 자신의 질서를 강요하고, 자기 눈에 좋은 대로, 남들이 하는 대로 가정을 쥐고 흔들려고 합니다. 물론 어떻게 가정을 꾸려 나가야 하겠다는 설계도는 필요합니다. 하지만 그 설계도가 누구의 것인가가 문제입니다. 각자 생긴 대로 설계하고, 남편에게도 하나님께도 검증

되지 않은 설계도를 들고 가정을 꾸려 나가니 배가 산으로 가는지 밭으로 가는지 모를 일입니다.

  가장 좋은 것은 하나님께로부터 지식의 빛을 받는 것입니다. 남편의 상태가 어떠하든지 아내의 마땅한 소임에 대한 성경의 가르침은 변하지 않습니다. 남편은 싫어도, 가정의 원리를 주신 주님이 싫을 수는 없습니다. 이 사실을 믿는 마음으로, 인격적으로 성경을 상고하면서 무지에서 벗어나야 합니다. 이 일을 위해 가정의 도리를 차근히 배워 나가는 일에 힘쓰시길 바랍니다. 아집으로 꾸민 설계도는 그만 버립시다. 이제 성경이 요구하는 가정의 원리로 돌아와 천국의 설계도를 소유하십시오. 그래서 우리의 가정이 올바로 지어져 가고 있는지 꼼꼼히 점검하는 시간을 가져 봅시다. 남편과 함께 말입니다.

아 · 내 · 의 · 기 · 도

저는 참 잘 살고 있다고 생각했습니다. 남편의 잘못을 그때그때 지적하면서 스스로 아주 솔직하고 멋진 여자라고 생각했습니다. 하지만 하나님께서는 그런 태도를 아름답게 여기지 않으신다는 것을 알게 되었습니다. 게다가 복종하지 못하는 이유가 무지라니……. 그러나 인정할 수밖에 없었습니다. 남편에 대한 나의 설계도를 버리기 원합니다. 무지한 채로 그린 설계도로는 우리 가정에 하나님의 나라를 실현할 수 없기에, 엉터리 설계도를 버리고 지식의 빛이 되시는 하나님 앞에서 다시 천국의 설계도를 그려 가겠습니다.

7

복종하지 못하는 이유 _ 죄

복종하지 못하는 두 번째 이유는 죄입니다.

죄는 하나님께서 세우신 질서를 멸시하고, 공격하는 특징을 갖고 있습니다. 죄에 대해 모르고 있던 아담과 하와를 뱀이 유혹하였습니다. 뱀은 하와를 이용하여 "먹으면 정녕 죽으리라"는 하나님의 말씀을 거역하고 선악과를 먹게 만들었습니다. 그때 뱀이 무슨 말로 하와를 유혹하였습니까? "먹어도 안 죽는다. 네가 이것을 먹으면 하나님같이 된다."

하와는 그 말에 마음이 확 끌렸습니다. 인간은 하나님과 같이 될 수 없는 존재인 것이 창조의 질서임에도 그 꼬임에 넘어간 것입니다. 창조의 질서를 파괴하고라도 하나님처럼 되고 싶었던 것입니다. 그리하여 피조 세계의 모든 질서가 뒤죽박죽 되어 버렸습니다.

그래서 아담과 하와의 명령에 복종하였던 만물은 인간에게 두려움의 대상이 되기도 하고, 인간의 공을 티끌로 만들어 버리기도 합니다. 땅은 탐스러운 과실과 실한 곡식을 얻으려는 인간에게 항거하면서 가시와 엉겅퀴를 내려고 합니다. 결국, 인간은 자기가 선택한 무질서에 대한 최고의 피해자가 된 것입니다.

죄의 동기와 결과는 모두 창조의 질서에 저항하는 성격이 있습니다. 그래서 인간은 질서를 파괴하고, 무너뜨리는 것을 본성적으로 즐깁니다. 이 본성은 인간으로 하여금 자신을 하나님의 위치에 이르게 하고자 하는 욕심을 갖게 하는 데까지 나아가게 합니다. 그런데 그게 가능한 일입니까? 인간이 아무리 안간힘을 쓴다 한들 하나님께서는 그렇게까지 되도록 내버려 두지 않으십니다. 그래서 불순종하는 사람은 인생이 평온할 것을 기대하지 말아야 합니다.

아내들이 전혀 성화 되지 않고 죄와 결탁하여 살면 질서를 파괴하려는 죄의 습성을 따라, 보이는 남편에게는 물론이요 보이지 아니하시는 하나님을 향하여서 불순종하게 되는 것입니다. 그 죄는 끊임없이 아내의 마음을 파고들 것입니다. 그래서 복종하지 못했던 삶을 지속적으로 돌아보고 회개하는 일이 필요합니다. 또 한편으로는 남편에게 대들고 항의하려는 마음의 작용들을 털어 버리는 작업이 이루어져야 합니다.

하나님을 이해할 수 없을 때도 많지만 우리는 늘 그분의 뜻에 순종하는 것이 마땅합니다. 이 말에 대해서는 아무도 이의를 제기하지 않을 것입니다. 마찬가지로 남편에 대한 순종도 그가 주는 사랑에 대한 응분의 대가가 아니라는 말입니다. 또 남편이 좀 더 지혜롭기 때문에 복종하는 것도 아닙니다. 성경이 말하는 복종의 이유는 너무도 간단합니다. 남편이니까······.

하나님의 질서를 거스르려는 죄에 찌든 불순종의 습관을 버리십시오.

아·내·의·기·도

남편을 대하는 저의 태도를 돌아봅니다. 남편을 가르치려고 하였고, 남편을 제 손아귀에 쥐고 지배하려고 하였던 저의 모습이 새록새록 떠오릅니다. 이게 모두 질서를 거스르려고 하는 저의 죄 된 습성이라는 것을 오늘 말씀을 통해 지적해 주신 하나님께 감사합니다. 이제 말씀을 들었고, 죄를 깨달았습니다. 깨달은 그대로 실천할 수 있도록 은혜를 주시옵소서.

8

아내의 불순종과 자녀의 삶

어느 날 알버트 슈바이처Albert Schweitzer 박사가 다음과 같은 질문을 받았습니다. "박사님, 어떻게 해야 아이들을 바르게 교육할 수 있습니까?" 슈바이처 박사는 다음과 같이 대답했습니다. "거기에는 세 가지 방법이 있습니다. 첫째는 모범을 보이는 것이고, 둘째로 모범을 보이는 것이며, 셋째도 역시 모범을 보이는 것입니다."

아내의 불순종이 악한 행위가 되는 이유는 비단 부부 사이의 연합을 흐트러뜨리기 때문만은 아닙니다. 불순종은 부부의 문제로만 그치지 않고, 자녀에게까지 좋지 않은 영향력을 미치게 됩니다. 아내의 불순종으로 자녀의 인격이 망가질 수 있다는 것입니다.

자녀는 어머니와 아버지의 가르침과 모범을 통해서 하나님의 자녀로서의 도리와 사람을 대하는 도리를 배웁니다. 하나님께서 가정이라는 제도를 통해서 이 땅에 하나님의 백성들을 번성하게 하신 것은 그 속에서 온전한 한 인간이 되어 가는 것의 참모습이 무엇인지 보이시기 위함입니다.

　진정으로 자녀를 위하는 일이 무엇입니까? 유기농 음식으로 건강을 지켜 주고, 고액 과외로 머리를 채워 주며, 조기 유학으로 미래를 든든히 준비해 주는 것이 부모 역할의 핵심일 수 없습니다. 저도 어릴 때는 이런 부모님을 동경하기도 했던 것 같습니다. 하지만 신앙을 갖고, 아이들을 낳아서 키워 보니 그것이 전부가 아니라는 것을 알게 되었습니다. 형편이 되고 아이도 원한다면 아이의 장래를 위해 여러 모로 지원해 줄 수 있습니다. 그것 자체가 나쁘다는 말이 아닙니다. 가장 중요한 것을 놓치고 있기 때문에 안타까운 것입니다.

　부모인 여러분이 자녀들에게 가르쳐야 할 내용의 핵심은 바로 자녀에게 각 사람이 마땅히 서야 할 자리가 어디인지 안내하고 그 자리를 찾도록 도와주는 일입니다. 인간으로서 서야 할 가장 아름다운 자리를 찾을 수 있도록 교육하십시오. 남편으로서, 아내로서 어디에 있을 때 하나님께서 가장 기뻐하시는지, 가장 아름답게 여기시는지, 그것을 가르치십시오.

　가정과 관련된 수많은 통계 수치가 말해 주듯, 질서가 제대로 서 있지 않은 불행한 가정에서 자란 아이들이 바르게 자랄 확률은 참으로 희박합니다. 모든 것을 부모 탓으로 돌릴 수는 없겠지만, 적어도 자녀의 불행에 원인을 제공하는 부모는 되지 말아야 하지 않을까요?

아 · 내 · 의 · 기 · 도

남편에 대한 저의 태도가 우리 부부만의 문제가 아니라 자녀의 인생에 지대한 영향을 끼치는 것을 알았습니다. 뒷모습을 볼 수 있는 거울이 있었으면 좋겠습니다. 제 뒷모습이 아이들에게 모본이 되어 아이들은 그 모습이 보통의 아내이고, 일반적인 엄마라고 생각할 텐데……. 주님, 제 모습을 입체적으로 비추는 말씀의 거울을 주옵소서. 그래서 자녀들에게 바른 아내, 바른 엄마의 도리를 몸으로 가르치게 하옵소서.

9

가정을 향한 하나님의 비전

어떤 여집사님이 저에게 이런 이야기를 하였습니다. "목사님, 그 인간은 깨져야 돼요. 말로 해서는 듣지 않는 인간입니다. 하나님이 한번 박살을 내셔야지 정신을 차립니다." 여기서, 그 인간이 누구겠습니까? 바로 남편이었습니다. 저는 이 말을 듣고, '집사님이 먼저 깨지셔야 할 것 같은데…….' 라고 속으로 말했습니다. 남편을 위해 얼마나 헌신했기에 저렇게 당당하게 남편이 깨져야 한다고 말할 수 있는지, 집사님이 안타깝기도 했습니다.

남편을 위해 진정으로 희생하고, 하나님께 남편의 구원을 위해 끈질기게 매달렸다면, 그 과정을 통해서 남편의 영혼을 향한 사랑이 더 깊어지는 법입니다. 충분히 헌신하고, 끝까지 기도하지 않으니까 남편의 모습을 보면서 낙망을 하게 되는 것입니다.

저는 그 집사님께 솔직하게 말했습니다. "집사님 남편은 집사님 기도대로 완전히 깨지지는 않을 것입니다. 집사님이 먼저 깨질 때, 남편에게도 동일한 변화가 있을 것입니다."

남편의 변화는 아내의 변화에 달려 있습니다. 아내들이여! 감사하십시오. 남편을 위해서 복음을 전할 수 있도록 하나님께서 사명을 주신 것을 인하여 하나님께 감사하십시오.

믿지 않는 남편과 결혼을 하는 자매들은 이렇게 말하기도 합니다. "목사님, 저는 그 가정에 선교사로 파송되었다고 생각합니다." 사실 이 말에는 어폐가 있습니다. 선교할 마음으로 불신자와 결혼할 각오라면, 함께 선교의 각오를 공유할 수 있는 신자와 결혼해서 순교하기까지 하나님 앞에 헌신하며 사는 편이 더 낫지 않겠느냐는 말입니다.

아무튼 그런 각오를 가지고 불신자와 결혼을 합니다. 그러나 이 마음도 처음에만 반짝할 뿐, 점점 퇴색되어 갑니다. 처음에는 순수한 사명감으로 남편에게 헌신했으나, 이제는 남편과 함께 사는 것 자체가 힘겹게 느껴집니다. 게다가 어떤 이유에서건 시댁 식구들과 남편의 사랑을 받지 못하면, 영혼의 고통에, 관계로 인한 고통이 더해져 정말 자신도 어찌할 수 없을 정도로 곤고해지는 것입니다.

저는 결혼하지 않은 자매들에게 권면하고 싶습니다. 결혼을 꼭 해야 하는 것은 아닙니다. 무엇 때문에 믿지 않는 남편에게 시집을 가서 가지 않아도 되는 고통스러운 길을 걸어가려고 합니까? 그 정도의 각오라면 그 믿음으로 하나님을 믿는 남자를 구하고, 불신자와 교제 중이라면 그가 변화를 받기까지 기다릴 수 있지 않겠습니까?

  시집가고 장가가는 것이 그리스도인의 삶의 목적이 아닙니다. 그리스도인의 삶 전체가 하나님께서 이 세상을 창조하신 목적을 향하여 정렬되어 나아가는 것이 주님이 보시기에 가장 중요한 목적입니다. 이것을 가장 효과적으로 이루기 위한 방법 중의 하나가 결혼 제도입니다. 또한 그 결혼을 통해 세워진 그리스도인의 가정은 하나님의 목적을 실현하는 일에 크게 쓰임을 받을 수 있습니다. 이 일을 위해서라면 불신자와 결혼하기보다는 신자와 결혼하는 것이 더 현명한 결혼이 아닐까요?

  그렇다고 이미 불신자와 결혼한 자매들은 실망하지 마십시오. 여러분의 선택이 옳지 않았을지는 모르나, 하나님께서는 우리가 과거의 잘못된 선택에 매여 꼼짝 못하기를 원치 않으십니다. 자신의 처지를 고난으로만 받아들이지 마십시오. 오히려 여러분이 처한 그 자리를 사명의 자리로 인정하시기 바랍니다.

  결혼하기 전에는 객기로 선교사로 파송되니 어쩌니 하면서 결혼했는지 모르나 지금은 아니지 않습니까? 불신 남편과 함께 사는 일의 아픔을 속속들이 알았기에 더 이상 객기를 부릴 수는 없습니다. 이젠 남편의 구원에 대한 소망을 주신 하나님께 감사하면서 객기가 아닌 진실한 기도와 희생으로 다시금 각오를 새롭게 다져야 하겠습니다.

  사랑하는 여러분! 하나님께서 여러분으로 하여금 여전히 신앙을 갖도록 하셨습니다. 그리고 남편의 영혼을 구원하기 위한 일에 부름 받았다는 말씀을 상기시켜 주셨습니다. 이것이 하나님께서 여러분의 가정,

여러분의 남편을 포기하지 않으셨다는 증거가 아닐까요?

아·내·의·기·도

하나님께서 저에게 먼저 은혜를 주셔서 남편의 영혼을 향한 소망을 주셨습니다. 영혼 구원이라는 엄청난 하나님의 사역에 동참하도록 부르심을 인하여 하나님께 감사합니다. 남편이 거듭나고 변화되어, 우리 가정이 하나님께서 본래 의도하셨던 아름다운 가정으로 변화될 수 있기를 소망합니다.

10

불신 남편에게 선을 행하라

사도 베드로는 베드로전서 3:6에서 아내들에게, 남편에게 선을 행하고 어떤 두려운 일에도 놀라지 말라고 말합니다. 제가 생각하기에 사도가 이 부분을 말할 때 염두에 둔 사람은 불신 남편을 둔 부녀들이 아닐까 생각합니다.

왜냐하면, 당시에는 오늘날과 같이 남편과 아내 둘 중에 한 명만 예수를 믿는 경우가 흔했기 때문입니다. 그래서 사도들의 서신에서 그런 경우에 어떻게 처신하는 것이 옳은지를 가르치는 내용들을 종종 발견할 수 있습니다.

사도 바울도 이 부분에 대해서 언급하였는데, 그는 고린도 교회에 보내는 서신에서 믿지 않는 남편과 함께 사는 아내들에게 그와 헤어지지 말고 살 것을 권합니다. 바울은 혹, 아내의 선행으로 남편이 구원에 이를 수 있을지 모르기에 남편에게 선을 행하며 그의 구원을 위해서라도 이미 결혼하였다면 헤어지지 말라고 이야기하였습니다.

베드로도 그 부분을 지적하였습니다. 베드로는 남편이 그리스도의 도를 믿지 않는다고 할지라도 선한 행실로 모본을 보이면 그가 구원에 이를 수 있지 않겠느냐고 말합니다 벧전 3:1. 이는 아내의 행실로 인해 남편이 저절로 구원을 받는다는 의미가 아닙니다. 아내의 경건하고 정결한 행실이 남편에게 커다란 감동을 주어서 예수님을 향한 남편의 마음이 열릴 수도 있다는 말입니다.

전도를 해본 사람들은 한 영혼을 교회에 데리고 나오고, 그가 회심하게 되기까지 얼마나 많은 인내가 필요한지 알 것입니다. 전도 대상자가 온전히 회심할 때까지 인간적으로는 참 치사할 정도로 오랜 기간 동안 그에게 무한히 정성을 쏟아야 합니다. 때로는 김치도 담가 주고 또 아이도 봐 주고 때로는 청소도 해주고, 말동무도 해주면서 천천히 그의 마음의 빗장을 열고 들어갑니다. 말이 쉽지 자기 일도 바쁜데 먼저 은혜 받았다는 이유만으로 무한히 퍼 주어야 하고, 참아 주어야 한다는 것은 그리 쉬운 일은 아닙니다.

한번 교회에 나온 사람이 영원히 교인이 되면 얼마나 행복하겠습니까? 한참 교회 생활하다가는 금세 마음이 변할 수도 있고, 갑자기 어떤 이유로 전보다 더 예수님에 대한 반감이 생기기도 합니다. 그럴 때 전도자의 마음은 그야말로 애간장이 녹는 것과 같습니다. 그래도 전도자는 참습니다. 오히려 참으면서 복음을 위해 받는 고난이기에 희열을 느끼기도 합니다.

하지만 그 대상이 가족, 특히 남편일 때는 이야기가 달라집니다. 불신 남편과 함께 사는 아내의 첫 번째 기도 제목은 언제나 남편 구원입니다. 매일 하나님 앞에 나와 눈물로 기도합니다.

그런데 정말 재미있는 사실은 남편이 신앙을 갖는 일에 결정적인 장애가 되는 존재 또한 아내라는 것입니다. 열심히 기도하면 뭐합니까? 집에 가서 변화 없이 강퍅해져만 가는 남편을 보면, 기도하면서 가난해졌던 마음은 온데간데없어집니다.

그래서 여태껏 남편에게 쌓였던 감정과, 기도를 들어 주시지 않는 하나님에 대한 원망까지 더하여 남편에게 감정을 확 쏟아 버립니다. 그러면 남편의 마음은 더 굳어집니다. 이런 일이 반복되면 몇 십 년째 남편의 구원을 위해 기도하였어도 남편의 영혼은 전혀 변화될 기색을 보이지 않을 것입니다.

불신 남편을 위해 기도하는 것은 너무도 중요합니다. 그 기도를 통해 하나님께서는 분명히 역사하시리라 믿습니다. 그러나 그 기도에 아내의 삶이 실리지 않으면 별 소용이 없습니다. 남편의 영혼을 구원하는 것은 하나님의 뜻이지만, 또한 기도자의 삶이 기도하는 만큼 변화되는 것도 하나님의 뜻인 것입니다.

그러므로 불신 남편을 둔 아내들이여, 기도하십시오. 그리고 기도에 부합하는 선행으로 남편의 마음에 신앙의 군불을 지피십시오.

아·내·의·기·도

저는 대부분은 참는데, 끝까지 못 참는 것이 문제입니다. 그러면 여태까지 쌓아 놓은 공든 탑이 무너져 버립니다. 남편을 위해 기도하는 만큼 남편뿐만 아니라 저도 성화 되어서, 남편에게 그리스도인으로서 좋은 영향력을 끼칠 수 있는 아내 되게 하옵소서. 남편의 영혼을 위한 저의 기도를 들으시고 반드시 구원의 열매를 맺도록 하여 주소서.

11

선을 행하지 못하는 이유

휘튼 대학을 수석 졸업하고 교수직을 얻은 짐 엘리어트Jim Elliot는 1955년 9월, 흉포凶暴하기로 소문난 에콰도르의 아우카 족에게 복음을 전하러 갔습니다. 그런데 몇 달간 소식이 끊겨졌습니다. 본토에서는 짐 엘리어트을 찾기 위해 수색대를 조직하였습니다. 결국 수색대가 찾아낸 것은 참혹하게 찢겨져 죽어 있는 그의 시체와 유품들이었습니다. 이 일은 근대 선교사에 가장 슬픈 사건으로 기록되어 있습니다.

그 일이 있고 나서 1년 후, 짐 엘리어트의 부인 엘리자베스 엘리어트 Elisabeth Elliot는 간호사 훈련을 마친 뒤 아우카 족에게로 들어갔습니다. 그녀는 남편이 이루지 못한 소망을 품고, 죽음의 위협이 상존하는 그곳으로 뛰어들었습니다. 부인의 희생과 헌신으로 아우카 족에게 조금씩 복음의 빛이 들어가기 시작했습니다.

이제 엘리어트 부인이 안식년이 되어 고국으로 돌아갈 때가 되었습니다. 그러자 추장이 온 부족들을 모아 놓고, 파티를 열어 주면서 물었습니다. "늘 앞장서서 우리와 고통을 함께 하는 당신은 도대체 누구입니까?" 부인은 대답했습니다. "사실은 5년 전에 당신들이 죽인 그 사람이 내 남편입니다. 그리고 나와 내 남편이 섬기는 하나님의 사랑 때문에 여기까지 와서 살게 된 것입니다." 그 이야기를 들은 아우카 족은 모두 예수 그리스도를 구세주로 영접했습니다.

부인이 헌신하게 된 동기는 무엇이었을까요? 남편의 생명을 앗아간 그들에 대한 혐오감보다 아우카 족을 불쌍히 여기시는 하나님의 사랑에 감화되어, 부인은 그 잔인한 부족을 위해 헌신할 수 있었던 것입니다.

문제는 사랑 없음입니다. 한 영혼에 대한 사랑! 하나님께서 여러분을 먼저 구원해 주신 것은 주위에 믿지 않는 자들에게 전도할 마음을 주셔서 여러분으로 인해 그들이 하나님께로 돌아오게 하기 위함입니다. 여러분의 가정에 믿지 않는 남편, 자녀들, 시댁 식구들의 영혼을 아내인 여러분에게 맡기신 것입니다. 믿는 가정에 시집 가서 남편과 영혼의 연합을 누리며 자녀들을 믿음으로 양육할 수 있었다면 더 좋았겠지만, 어떻게 하겠습니까? 이제, 여러분의 사명은 믿지 않는 가족들을 향해 재조정되어야 합니다. 그리고 하나님께 감사하는 마음으로 이 사실을 받아들이고, 하나님께 도움을 청하십시오.

여러분의 불신 가족이 가족이기 이전에 하나님 앞으로 돌아와야 할 목자 잃은 양이라는 생각을 가지십시오. 그러기 위해서는 주님의 사랑으로 그 영혼들을 품는 일이 필요합니다.

　남편이 여러분을 귀하게 여기면 여러분이 하고 있는 일들도 귀하게 여길 것입니다. 여러분들의 인생이 남편이 보기에 아름다운 인생이 아니기 때문에 여러분들의 삶을 움직이고 있는 예수 그리스도에 대해서, 복음을 향한 소망에 대해서 아는 바가 전혀 없는 남편이 되어 가는 것입니다.

　사랑은 오래 참고, 사랑은 투기하지 않고, 사랑은 온유하고, 사랑은 무례히 행치 않고, 사랑은 자기의 유익을 구하지 않습니다. 여러분의 남편도 그런 사랑을 받기 위해 태어난 영혼입니다. 불신 남편을 둔 아내들에게는 주님의 마음으로 남편의 영혼을 걱정하는 사랑의 마음이 절실하게 필요한 것입니다.

아 · 내 · 의 · 기 · 도

　얼굴도 모르고, 말도 통하지 않는 민족에게 가서 복음을 전하고 그들을 위해 희생하는 선교사들도 있는데, 저는 남편 하나를 놓고 절절 매고 있었습니다. 물론, 남편이 저의 허와 실을 다 알기 때문에 복음을 전하는 문제가 그리 쉽지는 않겠지만 적어도 같은 언어를 쓰고 있으니 감사한 일입니다. 그리고 매일 만날 수 있으니 또한, 감사합니다. 이방의 영혼들을 위한 사랑도 귀한 사랑이겠지만 지금 제 옆에서 코를 골며 자고 있는 남편의 영혼을 불쌍히 여기고 사랑하는 마음을 갖기 원합니다.

12

감동을 주는 희생

교회에서는 열심히 헌신하면서, 가정을 잘 돌보지 않는 아내들은 제가 볼 때는 정말 큰 실수를 하고 있는 것 같습니다. 물론 가정에만 얽매여서 하나님을 온전히 섬기지 못하는 것도 문제가 되겠지만, 여러분은 성실히 가정을 섬겨서 가족들, 특별히 믿지 않는 남편에게 감동을 줄 수 있는 아내가 되었으면 좋겠습니다. 예수님을 더 깊이 사랑할수록, 그분을 위해 더 많이 헌신할수록 남편을 소중히 여기고 긍휼히 여기는 아내가 되십시오. 그 모습을 보고 남편이 믿음을 갖고 싶어하도록 말입니다.

베드로 사도가 우리에게 말하고자 하는 바도 바로 그것입니다. 아내인 여러분이 예수를 믿는다는 이유로 남편과 자녀를 소홀히 대한다면 여러분의 신앙이 가정에 손해를 끼치는 격이 되는 것입니다. 여러분이 사랑하는 예수 그리스도로 인해 남편이 더 많은 사랑과 유익을 누릴 수 있도록 하십시오. 그 일에는 분명 아내의 희생이 필요할 것입니다. 신앙 생활을 하지 않으면서 가정을 돌보는 여성들에 비해 상대적으로 부족한 시간과 힘을 메우려면 그들보다 몇 배의 노력을 해야 하기 때문입니다.

그러나 아내의 이러한 희생과 선행이 남편의 마음을 움직이게 할 수 있다고 본문은 말하고 있지 않습니까? 또한 다른 아내들에게는 없는 에너지가 여러분에게는 있지 않습니까? 우리가 섬기고 경배하는 하나님께서 부어 주시는 위로와 격려가 있지 않습니까? 여러분에게 힘을 공급해 주시는 주님으로 인하여 남편과 가정이 덕을 볼 수 있도록 하는 것이 남편의 마음을 여는 방법입니다.

남편에게 선을 행하고 기회가 있는 대로 착한 행실을 보여서, 남편의 마음에 하나님의 사랑을 심어 주고 참된 그리스도인의 모본을 보여 줄 수 있는 아내가 되십시오.

아 · 내 · 의 · 기 · 도

주님, 우리 가정을 부족한 제게 맡겨 주심을 감사 드립니다. 지금은 제 모습도, 우리 가족들도 부족한 것이 많습니다. 하지만 먼저 은혜 받은 제가 조금만 더 힘을 내서 희생하며 섬겨서, 우리 가정을 하나님께서 원하시는 모습으로 올려드릴 수 있기를 원합니다. 주께서 제게 은혜를 더하시면 더하실수록 남편과 자녀들에게 더 헌신하는 아내가 되게 하옵소서.

The Family as a Model

13

희생으로 이루는 사랑

of the Kingdom of God

저는 프랑스의 작가 앙드레 지드Andre Paul Guillaume Gide의 유명한 작품 『좁은 문』을 읽고, 주인공 알리사의 희생적인 사랑 이야기에 감동을 받았던 기억이 있습니다. 알리사는 자신이 결핵에 걸린 것을 알고서는 애인 제롬을 위해 그를 동생 줄리엣에게 양보하려고 마음 먹고 조용히 숨어 버립니다. 사랑하는 제롬의 얼굴을 볼 수 없어 병이 더 깊어지더라도 제롬을 위해 아픔을 감수하기로 하였습니다.

물론 제롬의 아픔도 깊어졌습니다. 사랑하는 이와의 황당한 이별은 그가 고민과 방황의 늪을 헤어 나오지 못하기에 충분한 것이었습니다. 이 모든 것을 뒤로하고 알리사는 철저하게 혼자가 되어 쓸쓸히 생의 마지막을 맞이했습니다. 제롬을 위해서…….

베드로 사도는 아내들에게 주께 하듯 남편들에게 복종할 것을 권하면서 아브라함의 아내 사라 이야기를 꺼냅니다. 사라가 남편 아브라함을 "주인"창 18:12이라고 부르는 것이 창세기에 분명하게 나타나 있기 때문에 그것을 인용하여 말하고 있는 것입니다. 사도의 편지를 읽고 있는 아내들은 사라의 본을 따라 선을 행하고, 어떤 두려운 일에도 놀라지 않음으로 그의 영적인 딸들이 된 자들입니다벧전 3:6. 또한 사도는 거룩한 부녀들이 온유하고 안정한 심령으로 어떤 불편스러운 상황도 만들지 않고, 다른 사람의 필요를 돌보는 삶을 살았던 것처럼 살아야 한다고 권면합니다벧전 3:5.

남편과의 관계는 무를 수도 없고 포기할 수도 없는 관계입니다. 하나님께서 보시는 앞에서 서약한 관계이기 때문입니다. 불신 남편과 결혼한 경우라 하더라도, 아내가 이미 하나님의 언약 백성이기 때문에 남편은 모르지만 그 아내는 하나님 앞에서 결혼 언약의 신성한 의무를 다할 책임이 있는 것입니다. 하나님 앞에서 서약한 신성한 결혼의 의무를 다함에 있어 남편을 바라보고 그 의무 수행의 여부를 결정한다면 그것은 언약에 대한 신실한 태도가 아닙니다. 하나님께서 정해 주신 관계 안에서 마음과 뜻과 성품을 다하여 하나님의 뜻을 바라고, 그 뜻을 좇아 사는 것밖에는 소망이 없음을 인정해야 합니다.

먼저 은혜 받은 아내들에게 그녀들을 핍박하는 남편을 남겨 두신 것이 아내들의 원망거리가 될 수도 있습니다. 사도도 이런 인간의 특성을 잘 알기 때문에 원망하는 대신 단정하게 자신을 관리하면서 두려운 일에 놀라서 신앙의 자태가 흐트러지지 않도록 조심할 것을 요구하는 것입니다. 이런 태도가 중요한 것은 누구이 말하지만 남편 영혼의 문제가 아내와 깊은 연관이 있기 때문입니다.

사랑하는 여러분! 생명의 역사가 어찌 고난 없이 일어나겠으며 영혼을 하나님 앞에 인도하는 일이 어찌 희생 없이 가능하겠습니까? 불신 남편에 대한 문제로 고민하는 자매들과 상담을 해보면 그들의 문제는 하나로 집약됩니다. 많은 자매가 자신의 행실로 남편을 구원하려고 하는 것이 아니라 말로만 남편을 구원하려고 한다는 것입니다. 말은 비용이 들지 않지만 행실은 희생이 따르고 고통이 따릅니다.

아내 여러분! 남편을 그리스도께로 인도하려는 소망 때문에 남편 앞에서 철저하게 자기를 꺾어 본 적이 있으십니까? 내가 옳지만 남편이 예수 그리스도의 복음을 깨닫고, 예수님의 참사랑을 알게 하기 위해서 자기의 성질을 죽이고, 자기의 유익을 버리는 삶을 살아가고 있느냐는 것입니다.

하나님의 참된 사랑을 알았던 거룩한 부녀들은 이렇게 사는 것을 하나님의 부르심이라고 생각했습니다. 그래서 그리스도로 인해 받는 고난을 기쁘게 여겼습니다. 이 마음이 아내의 마음에 충만하다고 생각해 보십시오. 박해를 가하는 남편을 원망하고 미워할 수 있겠습니까? 복음을 알지 못하기에 그런 무모한 행동을 할 수밖에 없는 남편의 영혼을 오히려 긍휼히 여길 수 있는 아가페의 사랑이 솟아오르지 않을까요?

남편을 구원해 달라는 기도를 언제부터 시작하셨습니까? 10년 혹은 20년이 지났는데도 지리멸렬하게 가정 복음화는 전혀 진척되지 않는 것 같은 느낌입니까? 그 일을 위한 새로운 결단이 필요합니다.

여러분 자신이 바뀌어서 그 일이 가능해진다면 그렇게 해야 하지 않을까요? 인간의 의지와 열렬함이 구원을 불러오는 것은 아니지만, 하나님께서 우리에게 요구하시는 기도의 분량, 헌신의 분량을 채우고 나서 성령의 역사하심을 기대해야 하는 것입니다. 인간이 살아가는 평범한 일은 고난이 없이도 성취될 수 있지만 한 영혼을 구원하는 일은 해산의 고통과도 같은 고난의 잔이 차야지만 성취됩니다.

하나님께서는 한 순간에도 사람의 마음을 움직이고 변화시키실 수 있는 분이십니다. 여러분이 오랫동안 갈망하던 가족, 특히 남편이 구원되는 역사가 지체되고 있다면 다급한 마음을 좀 가져 보십시오. 남편과 여러분에게 남은 날이 얼마나 될지는 아무도 모릅니다. 두려워하는 마음으로 하나님 앞에 기도하십시오. 여러분의 삶도 모두 거기에 초점이 맞추어져서 '나는 당신이 예수 그리스도를 믿고 새 사람 될 수만 있다면 모든 것을 양보하고 희생할 수 있어요.' 하는 정신을 가지고 가정의 복음화를 앞당기는 아내들이 되셨으면 좋겠습니다.

아 · 내 · 의 · 기 · 도

주님, 남편의 영혼을 위해 오랫동안 기도했습니다. 그런데 남편은 바위처럼 움직일 생각을 하지 않습니다. 어떤 시련이 오더라도, 혹 그 시련을 주는 상대가 남편일지라도 놀라지 않고, 남편의 영혼을 위해 아직 남은 기도와 헌신의 분량을 소망 중에 채워 가기를 원합니다.

PART 2

남편들이여

남편 된 자들아 이와 같이 지식을 따라 너희 아내와 동거하고 저는 더 연약한 그릇이요 또 생명의 은혜를 유업으로 함께 받을 자로 알아 귀히 여기라 이는 너희 기도가 막히지 아니하게 하려 함이라 (벧전 3:7)

남편들아 아내 사랑하기를 그리스도께서 교회를 사랑하시고 위하여 자신을 주심같이 하라 이는 곧 물로 씻어 말씀으로 깨끗하게 하사 거룩하게 하시고 자기 앞에 영광스러운 교회로 세우사 티나 주름 잡힌 것이나 이런 것들이 없이 거룩하고 흠이 없게 하려 하심이니라 이와 같이 남편들도 자기 아내 사랑하기를 제 몸같이 할지니 자기 아내를 사랑하는 자는 자기를 사랑하는 것이라 (엡 5:25-28)

14

연약한 그릇

성경에는 여러 곳에서 그릇의 비유가 등장합니다.

디모데후서에도 그릇의 비유가 나옵니다. "큰 집에는 금과 은의 그릇이 있을 뿐 아니요 나무와 질그릇도 있어 귀히 쓰는 것도 있고 천히 쓰는 것도 있나니"딤후 2:20. 여기에서 그릇은 하나님께서 창조하시고 택하신 하나님의 백성들을 비유한 말입니다. 하나님의 백성들은 성령 안에서 하나님의 거하실 처소가 되어 갑니다엡 2:22. 어떤 용도로 쓰이든 궁극적으로는 하나님의 말씀의 빛이라는 보배를 담는 그릇으로 지음 받았다는 것입니다고전 3:16-17, 고후 4:7.

사도행전 9장에 나오는 그릇의 비유는 바울을 두고 예수님께서 직접 말씀하신 것입니다. "주께서 가라사대 가라 이 사람은 내 이름을 이방인과 임금들과 이스라엘 자손들 앞에 전하기 위하여 택한 나의 그릇이라"행 9:15. 예수님을 만나기 전까지 사도 바울은 쓸모없는 그릇이었지만 하나님께서 그를 택하시고 구속하심으로 이제는 하나님의 뜻을 담을 수 있는 훌륭한 그릇이 되었다고 말씀하신 것입니다.

사도 베드로가 아내들을 가리켜 "연약한 그릇"이라고 한 것은 아내가 남편에 의해 지배되거나 부속물처럼 취급받아야 할 존재라는 말이 아닙니다. 이는 여성인 아내가 존귀한 하나님에 의해 창조되었고, 구원받은 하나님의 백성으로서 하나님의 뜻을 담을 수 있는 존귀한 자임을 말해 주는 표현입니다.

그런데 아내라는 존재가 그릇이긴 그릇인데 연약한 그릇이라고 말합니다. '그릇'은 헬라어로 '스큐오스' σκεῦος 인데, 모든 종류의 그릇을 통칭하는 단어라기보다는 밥상에 올라올 수 있는 귀한 그릇을 의미합니다.

남편들은 자신도 모르게 아내를 인생의 부속물 정도로 생각하는 경향이 있습니다. 그런 남편들은 아내가 복종하는 것을 조화로운 질서로 이해하지 않고, 상명하복上命下服의 관계로 생각합니다. 그래서 스스로 우월한 위치에 서서 자신이 가치에 있어서도 아내보다 더 우월하다고 여깁니다. 성경이 말하는 "연약한 그릇"이라는 표현에 대해 철저하게 오해하고 있는 것입니다.

하나님께서는 남편과 아내를 남자와 여자로서 동등하게 창조하셨습니다. 어떤 사람들은 여자가 남자의 갈비뼈를 취해 만들어졌기 때문에 여자는 남자에게 종속된 존재라고 말하기도 합니다. 이것은 절대 사실이 아닙니다. 하나님께서 남자는 흙으로 빚어서 직접 만드시고, 여자는 남자인 아담의 갈비뼈에서 취하여 만드신 이유가 있습니다. 이는 하나님께서 아담과 하와, 남편과 아내가 서로 나누어질 수 없는 연합된 관계임을 보여 주시기 원하셨기 때문입니다.

남자와 여자는 다 같이 하나님의 거룩한 형상을 부여받은 존재로 창조되었고, 그 점에 있어서 남자는 조금도 여자보다 우월한 지위에 있다고 말할 수 없습니다. 아내의 역할이 남편을 돕는 배필이라지만, 이것을 보조적인 역할로 이해해서는 안 됩니다.

만일 남편들이 남성 우위론적인 사고에 빠져서 성경에서 이야기하는 복종이 종속 관계에서 나타나는 복종이라고 이해한다면, 남편들은 성경의 사상이 아닌 세상 풍조에 푹 젖어 있는 것입니다. 따라서 남편들이 확실하게 머리에 정리할 내용이 있습니다. 앞서 말했듯이 남편보다 더 연약한 그릇이라는 말이 존재의 가치에 있어서 더 열등함을 나타내는 말이 아니라는 사실, 그것을 명확히 하고 넘어 갑시다.

존재적 가치에 있어서는 아내도 남편도 모두 하나님의 기업을 물려받을 하나님의 백성으로 창조되었습니다. 단지, 하나님께서 만드신 질서 체계에 있어서 남편은 다스리고, 아내는 복종하는 모습이 가장 아름답다고 여기셨기 때문에 하나님께서는 아내에게 '복종'이라는 덕목을 말씀하신 것입니다.

남·편·의·기·도

아내의 연약함을 보면서, 정말 한심하다고 생각했던 적이 있었습니다. 아내의 한심한 모습이 저의 우월함을 입증하는 근거라도 되는 것처럼 아내를 답답하게 생각했던 것 같습니다. 주님! 저의 무지와 악을 용서해 주십시오. 세상 풍조에 푹 젖어 하나님의 백성다운 남성관, 여성관을 지니지 못하였던 것을 용서해 주소서. 이제는 성경적인 사상의 토대 위에서 아내를 바라보고, 사랑할 수 있도록 도와주소서.

15

애완견 사랑 vs 인격적 사랑

    여러분 중에 애완견을 좋아하시는 분이 있을 것입니다. 애완견을 좋아하는 사람들은 정말 자식같이 개를 사랑합니다. 애완견 애호가들은 개를 너무 사랑한 나머지 이름을 지어 주는 것은 물론이요, 한 식탁에서 식사를 하고, 예쁜 옷을 지어 입혀 주는 등 해줄 수 있는 것은 다 해주려고 합니다.

    오늘날 남편들이 아내를 사랑할 때, 애완견을 사랑하듯 사랑하는 경우가 많습니다. 어떤 보상을 주었다가 거두었다가 하면서 애완견을 훈련하듯 아내도 그렇게 대한다는 말입니다. '말을 잘 들으면 사랑해 줄게. 말썽 피우지 않으면 쓰다듬어 줄게. 예쁜 짓 하면 예쁜 옷도 사주고, 미용실에도 데려가 줄게.' 혹 이런 식으로 아내를 사랑하고 있지는 않습니까?

저는 이런 식의 사랑을 애완견적 사랑이라고 부르고 싶습니다. 애완견적 사랑은 하나님께서 보시기에 사랑 축에도 끼지 못하는 것입니다. 상대의 반응에 따라 사랑을 주기도 하고 거두기도 하며, 사랑할 수 있을 때까지만 사랑하는 것이 어찌 진정한 의미의 사랑일 수 있겠습니까?

얼마 전 동물 학대와 관련된 다큐멘터리를 보았습니다. 서울에 떠돌이 개들이 넘친다는 것입니다. 그 개들은 제법 비싸기도 하고, 족보도 있는 개였습니다. 그런데 왜 떠돌이 신세가 되었을까요? 주인이 버렸기 때문입니다. 처음에는 너무 귀엽고 예뻐서 분양을 받았는데, 점점 말썽을 피우기도 하고, 사육비도 많이 들고, 늙어서 재롱도 안 부리고 하니까 그냥 버리는 것입니다. 이게 애완견적 사랑의 실체입니다. 성경이 인정하는 사랑은 인격적 헌신과 신뢰가 동반된 사랑입니다. 아내가 자기 맘에 좀 안 든다고, 버리고 새것으로 바꿀 수 없습니다.

연애 시절에 나누던 사랑과 결혼 후의 사랑은 다릅니다. 연애 시절의 사랑은 노을이 지는 해변에서 나란히 어깨동무를 하고 석양을 바라보는 것과 같습니다. 한없이 아름다워 보이기만 하는 바다를 그저 아름답게만 볼 수 있는 환상이 있는 것이 연애 시절의 사랑입니다. 결혼한 후에는 상황이 완전히 달라집니다. 이제 그 아름답기만 하던 바다에 쪽배를 띄우고 노를 저어 가는 것입니다. 황금빛 파도를 헤치며 일정한 목적지를 향해서 항해하는 것. 허술한 쪽배 안으로 조금씩 물이 새어 들어오기도 하고, 열심히 노를 젓다 보니 손바닥에는 물집이 생기고, 굳은살이 박이는 것. 이것이 결혼 후 사랑의 모습입니다.

연애 시절 마치 귀여운 애완견처럼 재롱을 부리고, 애교를 떨던 그 여자는 어디로 갔을까요? 남편인 여러분과 함께 열심히 힘한 파도를 헤치고 노 저어 오면서, 얼굴은 검게 그을렸고, 곱던 손은 버석거리게 된 것입니다. 이제 망망대해 위에서 다른 선택은 없습니다. 한 남편과 한 아내만 있을 뿐입니다. 그 자리에서 서로 신뢰하지 않거나 헌신적으로 돌보지 않으면 어떤 상황이 벌어지겠습니까?

애완견적 사랑으로 아내를 사랑하려는 남편들은 자신과 아내가 서 있는 곳이 노을이 찬란하게 해안선을 따라 부서지고 있는 해변이 아님을 잊지 마십시오. 여러분과 여러분의 아내는 생사가 오락가락하는 힘한 바다 한복판에 서 있는 것입니다.

남·편·의·기·도

저는 정말 나쁜 사람입니다. 호리호리하던 몸매, 곱던 피부, 상냥한 말씨를 잃어버린 아내를 보며 때로는 한심한 생각이 들었습니다. 아내의 얼굴이 곧 나의 얼굴인 줄도 모르고……. 돌아보면 아내는 어떻게 해서라도 좋은 가정을 만들려고 최선을 다했던 것 같습니다. 그렇게 지혜로운 아내였는데, 충분히 사랑해 주지 못했습니다. 주님, 저는 정말 못된 남편입니다. 이제부터 배우겠습니다. 아내를 인격적으로 사랑하고 대접해 주는 것이 무엇인지 배우겠습니다. 성경에서 말하는 아내 사랑의 대의를 더 깊이 깨닫고 실천할 수 있도록 인도해 주옵소서.

16

더 연약한 그릇

하나님께로 더 가까이 갑니다 / 고통 가운데 계신 주님

변함없는 주님의 크신 사랑 / 영원히 주님만을 섬기리

평범한 신자라면, 이 찬양이 저절로 흘러나올 정도로 자신이 한없이 초라하고 연약하게 느껴질 때가 있습니다. 아무것도 의지할 수 없고, 넓은 바다에 돛대도 삿대도 없이 내던져진 조각배같이 너무도 막막하고 무능해진 것 같은 느낌.

인생이 이런 구비를 지날 때는 천하를 호령하는 대장부도 어쩔 수 없이 자신의 한계와 연약함을 드러내게 되어 있습니다. 이것은 강해 보이는 사람이나 연약함이 묻어나는 사람이나, 남자 여자 가릴 것 없이 경험할 수 있는 인간 본연의 감정입니다.

담대했던 하나님의 일꾼 다윗을 보십시오. 그는 이스라엘을 다스리는 왕의 영광을 소유하였고, 나가는 전투마다 승리하였습니다. 그런데 그가 쓴 시편을 보십시오. 전쟁에 직접 나가는 왕이 썼다고 하기에는 너무도 심약한 표현이 자주 나옵니다. "나는 가난하고 궁핍하오나······" 시 40:17.

'모세' 하면 떠오르는 그림이 무엇입니까? 비록 노년에 이스라엘의 지도자가 되었지만, 하나님께서 주신 지팡이를 들고 바람이 세차게 부는 홍해를 향하여 갈라지라 명하는 모습이 떠오릅니다. 하지만 모세가 하나님 앞에서 투정을 부리듯 기도하는 모습도 우리의 머릿속에 생생하게 남아 있지 않습니까? 이스라엘 백성들이 탐욕을 품고 만나 대신 고기를 달라고 불평했을 때, 모세의 기도를 생각해 보십시오. "나 혼자서는 이 백성들을 책임질 수 없습니다. 차라리 나를 죽여 주셔서 이런 곤고함을 보지 않도록 해주십시오" 민 11:10-15.

모든 인간은 연약한 존재입니다. 하나님께서는 이사야 선지자의 입술을 통해 이렇게 말씀하십니다. "모든 육체는 풀이요 그 모든 아름다움은 들의 꽃 같으니" 사 40:6下. 하나님께서 우리를 만드신 재료도 우리의 연약함을 너무도 잘 드러내고 있습니다. 우리는 흙으로 지어졌습니다. 우리말 성경에 '흙'으로 해석된 것이 히브리 원어에 의하면 '티끌'이라는 의미입니다. 눈에 보이지도 않고, 아주 미미한 공기의 흐름에도 흩어져 버리는 먼지로 사람을 만드신 것입니다.

결국, 인간 자체로는 가치가 없습니다. 인간이 하나님의 은혜로 존귀하게 되었더라도 지속적으로 그 영향력 아래 살지 않으면 연약함을 드러낼 수밖에 없는 존재라는 것입니다. 이 진리는 연약해 보이는 여성이나 한없이 강인해 보이기만 하는 남성이나 모두 피해갈 수 없는 진리입니다.

오늘 베드로 사도도 아주 연약한 사람을 소개하고 있는데, 바로 아내와 남편입니다. 연약하다는 표현은 아내에게만 사용되었지만 남편과 비교해서 연약하다는 것이기에, 분명 남편도 연약한 존재라는 말이 됩니다. 그렇습니다. 남편이 아무리 센 척하는 남자라고 해도 인간으로서 연약한 존재일 수밖에 없습니다. 다윗과 모세가 그랬고, 우리의 아버지와 지금 남편의 자리에 있는 여러분이 그렇습니다.

남편 여러분! 여러분이 연약한 것을 너무도 잘 알겠습니다. 충분히 이해할 수 있습니다. 그런데 더 연약한 존재가 있으니, 그가 바로 여러분의 아내라는 사실입니다. 남편도 차라리 죽는 것이 낫겠다 싶을 정도로 힘들고 마음이 한없이 상할 때가 있는데, 더 연약한 아내는 오죽하겠습니까?

하나님께서 남편의 연약함을 아십니다. 그리고 긍휼히 여겨 주실 것입니다. 그 하나님께서 남편 여러분에게 더 연약한 아내를 허락하셨습니다. 더 깨지기 쉽고 상처받기 쉬운 그릇인 아내가 남편인 여러분의 품으로 파고들 때, 따뜻하게 품어 주십시오. 이것은 연애 백과나 부부생활 백서에 있는 내용이 아니라, 하나님께서 남편들에게 간곡히 부탁하시는 말씀입니다.

남 · 편 · 의 · 기 · 도

저는 오늘도 도란도란 말을 걸어오는 아내를 소홀하게 대하고 말았습니다. 사실, 집에 오면 좀 쉬고 싶습니다. 아무도 저를 건드리지 않았으면 좋겠습니다. 아내는 제가 얼마나 힘든지 모르는 것 같습니다. 하지만 아내가 저보다 더 연약한 그릇이라는 말씀을 기억합니다. 저도 이렇게 사는 게 힘든데, 더 연약한 제 아내는 어떻겠습니까? 제 품으로 파고드는 아내의 마음을 헤아릴 수 있도록 마음의 여유를 되찾고 싶습니다. 아내의 잔소리 섞인 말들이 모두 나를 더 사랑해 달라는 표현이며, 그녀를 더 사랑해 주라는 하나님의 사인 sign이라는 것을 생각하며 살기를 원합니다.

17

그래서 귀히 여기라

회사에서 한 직원이 자꾸 병가를 냅니다. 오늘은 감기, 내일은 몸살, 모레는 두통. 다양한 이유를 대면서 결근을 하고, 출근해도 성실하게 일하지 않습니다. 그렇게 불성실한 직원에게 사장이 내릴 수 있는 최선의 조치는 그 사람의 책상을 치우는 것밖에는 없습니다. 그에게는 조금의 애정도 남아 있지 않기 때문입니다.

그러나 젊음을 불태우고, 모든 재능을 발휘하여 회사를 위해 헌신한 직원이 아파서 며칠씩 결근을 하면, 사장은 '얼마나 아프면 저럴까?' 하며 측은해 할 것입니다. 그 성실한 직원에 대해서는 애정이 있기 때문입니다.

같은 현상에 대해서 애정이 있느냐 없느냐의 차이가 측은히 여기느냐 귀찮게 여기느냐를 결정하는 것입니다. 여러분은 아내의 연약함을 보면서 불쌍히 여기십니까, 귀찮게 여기십니까?

　마음이 약해질 때, 누구나 자신을 소중히 여기는 사람을 필요로 합니다. 그런데 남편들은 아내가 연약해지면 불쌍히 여기기보다는 좀 귀찮아 하는 경향이 있습니다. 제가 남편이라서 잘 압니다. 아내가 아플 때, 남편들은 이중성을 갖습니다. 걱정이 되기도 하면서, 여러 모로 불편한 마음이 듭니다. 그래서 아내를 따뜻하게 대하기보다는 오히려 짜증을 냅니다. 이 마음이 귀찮게 여기는 마음입니다. 성경은 아내를 귀찮게 여기는 것이 아니라 귀하게 여기라고 말합니다 벧전 3:7.

　사실, 남자들은 사랑하고 귀하게 여기는 마음 씀씀이에 익숙하지 않습니다. 그러기에 더욱 성경이 요구하는 아내 사랑의 의미가 무엇인지 구체적으로 알아야 합니다. 성경은 아내에게 동정이나 연민의 감정으로 사랑하라고 말하지 않습니다. 성경은 사랑의 최고봉을 지향할 것을 요구하고 있는데, 그것은 그리스도께서 교회를 위하여 자신을 주신 것처럼 사랑하는 것입니다. 이것이 하나님께서 우리에게 보여 주신 최고의 사랑입니다.

　그리스도께서 우리를 사랑하실 때, 우리가 고분고분 말을 잘 들을 때만 사랑하셨습니까?

주 예수 내가 알기 전 날 먼저 사랑했네
그 크신 사랑 나타나 내 영혼 구원했네

우리가 주님을 모르고, 철없이 주님을 대적하고 있을 때도 예수님께서는 우리를 사랑하셨습니다. 그 사랑은 사랑할 수 있을 때까지만 하는 사랑이 아니었고, 참을 수 있을 때까지만 참는 사랑이 아니었습니다. 자기를 내어 주신 사랑이었습니다. 하나님이신 그분이 종의 형체를 지니시고 이 땅에서 더럽기 짝이 없는 인간들을 섬기시고 사랑하셔야 했습니다. 인간으로서 인간을 사랑하는 것도 너무 힘든데, 모든 이름 위에 뛰어난 이름, 예수 그리스도께서 인간을 사랑하시는 일은 얼마나 큰 아픔이며 고통이었을까요?

예수 그리스도께서는 우리를 위해서 조금도 아낌이 없이 주셨습니다. 자신의 소유, 시간, 마음, 그 무엇도 아끼지 않으셨습니다. 죄를 범하고 불순종을 일삼는 인간을 위해 내어 주셨습니다. 죽기까지……. 이것이 교회를 향한 예수 그리스도의 사랑입니다. 우리의 조건과 상관없이 사랑이신 그분의 성품을 우리 위에 넘치도록 드러내셨습니다.

아내를 향한 사랑이 그리스도의 사랑의 모상模像이라는 것입니다. 그러므로 아내에 대하여, 순종하면 사랑해 주겠다는 태도는 성경이 말하는 아내 사랑과 어긋나는 것입니다. 하나님께서 택하신 백성이기 때문에 우리의 상태와 상관없이 예수 그리스도께서 우리를 사랑하신 것처럼, 아내는 아내라는 사실 하나로 충분히 사랑받을 가치가 있는 존재가 되는 것입니다. 남편이라는 자리는 그 사랑을 실현하고 살도록 부름 받은 자리입니다.

남·편·의·기·도

아내는 아내라는 이유만으로도 남편에게 사랑받아 마땅한 존재임을 알았습니다. 주님께서 저를 사랑하실 때, 저에게 주님께 인정받을 만한 부분이 있어서 사랑하신 것이 아니라, 제 존재 자체를 귀하게 여기시고 사랑하셨던 것처럼 그렇게 아내를 사랑하겠습니다. 아내의 연약한 모습 속에서 아름다움을 찾는 작업을 시작하렵니다. 그 아름다움을 보고 아내를 충분히 사랑해 주렵니다.

18

좋은 남편, 참된 신자

누군가 저에게 목회자로 살아가는 것과 한 가정의 가장으로, 남편으로 살아가는 것 중에 어느 것이 더 어렵냐고 묻는다면 저는 단 1초도 망설이지 않고 후자라고 답하겠습니다. 목회자는 그 자리 자체가 주는 신비감이 있기 때문에 결점이 있어도 여실히 드러나지 않을 수 있지만, 아내와 자녀는 제 모든 부분을 속속들이 알고 있기 때문에 은근슬쩍 넘어갈 수 없는 부분이 많기 때문입니다.

모든 남편들이 괜찮은 남편이 되고 싶어할 것입니다. 어떻게 하면 그렇게 될 수 있을까요? 우선 결론부터 말씀드리고자 합니다. 좋은 남편이 되기 위해서는 먼저 좋은 신자가 되어야 합니다. 한 사람이 변화되고, 사람다운 사람이 되어가는 데 하나님의 은혜가 역사해야 하듯이 한 남편이 변화되는 것도 그러합니다. 하나님의 은혜가 그 사람 속에 끊임없이 역사해서 하나님 앞에 한 아내의 남편으로 온전하게 되어 가고, 자녀의 아버지로 온전하게 되어 가는 일이 필요한 것입니다. 한 사람의 신자로 온전해지지 않으면서 괜찮은 남편으로 살아가는 것은 불가능한 일입니다. 그래서 남편으로서 온전함을 회복하려는 노력 이전에 신자로서의 온전함을 추구하는 일이 선행되어야 합니다.

참된 신자가 되는 것, 말로 하면 참 쉽지만 실제는 너무도 힘들고 더딘 과정입니다. 키더민스터 Kidderminster의 리처드 벡스터 Richard Baxter 목사님의 전집에 『어머니를 위한 교리 문답』The Mother's Catechism이 실려 있습니다. 자녀에게 어릴 때부터 중요한 기독교의 교리들을 가르치기에 아주 유용한 내용입니다. 거기에 이런 문답이 있습니다.

아이를 무릎에 앉혀 놓고 엄마가 말합니다.
"얘야, 교리 문답하자."
"엄마, 교리 문답이 뭐예요?"
"하나님의 말씀이란다."
아이가 묻습니다.
"엄마, 이 세상 사람들은 안 배우는데 우리는 왜 배워야 하지요?"
"그들은 다 짐승이란다. 우리는 하나님의 자녀이기 때문에 하나님의 말씀을 어릴 때부터 배워야 하는 거란다."

'짐승'이라는 표현이 좀 거칠게 느껴지겠지만, 하나님의 말씀으로 조금씩이나마 다듬어지지 않으면 끝까지 하나님의 돌봄을 받지 않고 살려는 거친 야성을 버릴 수 없기에 이렇게 말한 것이 아닐까요? 아무것도 모르고 아는 것이라고는 하나님을 대적하고 사는 방법밖에 모르는 한 사람이 거듭나서 온전한 신자로 자라간다는 것은 정말 더디고 힘든 일인지 모릅니다. 여러분이 이 일의 증인 아닙니까?

좋은 남편이 되는 일은 참된 신자가 되는 것만큼 본질적인 문제라고 생각해야 합니다. 우리는 남편이기 이전에 하나님의 사람입니다. 하나님께서 기뻐하시는 신자가 되지 않으면 아무리 발버둥이쳐도 좋은 남편이 될 수 없습니다. 여러분의 목표가 좋은 남편이 되는 것입니까? 그렇다면, 자신에게 먼저 물어보십시오.

"○○○! 당신은 좋은 신자입니까?"

좋은 신자인 남편, 좋은 남편인 신자, 이것이 존재나 양태에 있어서 모순이 없는 모습입니다. 좋은 남편이 되어 가려는 노력이 곧 좋은 신자가 되기 위한 노력이 될 수 있고, 좋은 신자가 되기 위한 분투가 좋은 남편으로 가는 가장 훌륭한 방법이라는 말입니다.

남 · 편 · 의 · 기 · 도

하나님, 정말 좋은 남편, 좋은 아버지가 되고 싶습니다. 신자나 불신자나 아버지라면, 남편이라면 모두 이 마음을 품을 것입니다. 제 주위에 있는 동료들도 참 많이 애를 씁니다. 저는 어떻게 할까 고민했었는데, 명확하게 말씀해 주시니 감사합니다. 좋은 신자가 되어 가는 길의 연장선상에서 좋은 남편이 되는 길을 바라보겠습니다. 하나님 앞에 아름다운 신자가 가족들에게도 아름답게 보일 수 있을 테니 말입니다.

19

아담의 핑계

아담의 가정이 파괴된 이유는 아담과 하와의 죄 때문이었습니다. 하나님께서 먹지 말라 금하신 선악과를 따 먹음으로 인해 그들에게는 하나님의 준엄한 심판이 주어졌습니다. 이 죄에 가담한 자들은 아담, 하와 그리고 뱀이었습니다. 엄연하게 말하면, 뱀이 하와를 꾀고, 하와가 아담보다 먼저 선악과를 따 먹었으니, 이 둘이 끔찍한 죄악의 원흉이 된 것입니다. 그런데 하나님께서는 하와와 뱀을 먼저 찾지 아니하시고 아담을 찾으십니다. 이는 언약의 당사자가 아담이었기 때문입니다.

하나님께서 아담의 죄를 지적하실 때, 아담의 반응은 어떠했습니까? "네가 어찌하여 선악과를 따 먹었느냐?" "하나님, 제가 잘못했습니다. 용서해 주세요." 이랬다면 얼마나 좋았겠습니까? 그러나 하나님의 질문에 아담은 핑계를 대기 시작합니다. "하나님께서 주신 저 여자가 저를 꾀었습니다. 그녀가 줘서 먹었습니다. 억울하옵니다." 이제 아담은 예전의 아담이 아니었던 것입니다.

아담의 핑계는 세 가지 사실을 담고 있습니다.

첫째는 자신이 피해자라고 하는 사실입니다. 만약에 그 여자가 선악을 알게 하는 나무의 실과를 내게 주지 않았더라면 내가 먹지 않았을 것이라는 말입니다. 그 여자 때문에 먹었으니 자신은 피해자라는 말입니다.

둘째는 하와에게 책임을 돌리는 것입니다. 그 여자가 타락의 원흉이었노라고 호소하고 있습니다.

셋째는 하나님을 향한 원망이 깃들어 있습니다. "아담이 가로되 하나님이 주셔서 나와 함께하게 하신 여자……" 창 3:12. 아담이 달라고 하지도 않았는데, 하나님께서 알아서 주신 여자가 나를 죄악으로 몰고 갔으니 하나님 잘못이라는 뉘앙스가 아담의 핑계에 강하게 깔려 있습니다. 하나님께서 주신 하와에 대해 아주 감동적인 고백을 하였던 아담이었습니다. "아담이 가로되 이는 내 뼈 중의 뼈요 살 중의 살이라" 창 2:23. 이 아름다운 고백이 있었던 부부의 연합은 산산조각 나 버렸습니다. 이것이 최초의 가정 파탄입니다.

하나님께서는 언약의 당사자인 아담을 찾아오셨습니다. 아담에게 가정에 대한 책임을 물으십니다. 하나님께서 남편 된 여러분에게 한 가정을 맡기셨습니다. 남편에게 한 가정을 이끌어 갈 책임을 맡기신 하나님께서 남편들을 부르십니다. "네가 어디 있느냐? 네가 어찌하여?"라고 책임을 물으시는 하나님 앞에서 어떻게 대답하시렵니까? 이제 남편들은 아담의 핑계가 얼마나 비겁한 것인지 충분히 알게 되셨을 텐데, 그래도 핑계하시렵니까? 변명하시렵니까?

남·편·의·기·도

항상 남편의 권한을 중요시하면서도 가정의 심각한 문제에 직면하게 될 때는 아내를 원망합니다. 결국, 그 원망은 아내를 향한 원망이 아니라 하나님을 향한 원망이 된다는 것을 알면서도 말입니다. 제게 주신 아름답고도 거룩한 사명의 자리를 감사함으로 지키고, 감사한 만큼 책임도 회피하지 않겠습니다. 주님, 제게 남편의 사명을 다하지 못한 일이 있다면 책망해 주옵소서. 제 영혼에 핑계 대는 아담의 피가 그치길 원합니다. 하나님과의 평화의 언약을 성취하시기 위해 말없이 십자가에서 피 흘리신 예수 그리스도의 피가 제 영혼을 휘감기를 원합니다.

20

다스림이 있어야 복종이 있습니다

　미국의 어떤 잡지사에서 여섯 살 난 아이 백 명에게 "텔레비전과 아빠 중 어느 쪽이 집에 있으면 좋겠느냐?"고 물었습니다. 그 중 92명이 텔레비전을 택했다고 합니다. 그 중에 한 아이는 아주 충격적인 대답을 해서 사람들을 깜짝 놀라게 했습니다. 그 아이는 "냉장고에 먹을 것이 있고, 거실에 텔레비전이 있고, 부엌에 엄마가 있고, 뒤뜰에 강아지가 있는데, 아빠는 무엇 때문에 있어야 해요?"라고 말했다고 합니다.
　가정에서 가장의 정체성이 불분명해지고, 그 권위마저 떨어진 것은 어제 오늘의 일이 아닙니다. 아담이 살던 에덴 동산에서도 오늘날과 같은 문제가 있었나 봅니다. 하와가 남편인 아담의 말을 귀담아 듣지 않고 뱀의 말을 듣고 선악과를 따 먹고 맙니다. 아담도 하와를 따끔하게 꾸중하거나 바른 행실을 가르치지 않고, 가장으로서의 권위를 상실한 채 자기도 그 죄악에 동참을 합니다.

하나님께서 아담과 하와가 숨은 것을 보시고 그들을 부르십니다. 그런데 누구를 부르셨습니까? 아담이었습니다. "여호와 하나님이 아담을 부르시며 그에게 이르시되……"창 3:9. 이는 한 가정을 올바르게 인도할 책임이 남편인 아담에게 있음을 명백히 보여주는 대목입니다.

바울은 디모데전서 3장에서 감독과 집사의 자격을 나열하면서 가정에 대해 언급하였습니다. "그러므로 감독은……한 아내의 남편이 되며……자기 집을 잘 다스려 자녀들로 모든 단정함으로 복종케 하는 자라야 할지며"딤전 3:2, 4. 그러면서 반문합니다. "사람이 자기 집을 다스릴 줄 알지 못하면 어찌 하나님의 교회를 돌아보리요"딤전 3:5. 감독과 집사이기 이전에 한 아내의 남편, 한 가정의 가장으로서의 역할을 잘해야 하는데, 그 중심에 다스림의 책임이 있다는 것입니다.

현대 여성들은 "남편이 뭔데 날 가르치려 합니까?" 하고 소리 높여 말합니다. 그렇게까지 말하는 여성들의 심정이 충분히 이해는 되지만 동의할 수는 없는 문제입니다. 왜냐하면, 성경에서 분명히 남편의 신성한 사명이 가르치고 다스리는 데 있다고 말하기 때문입니다. 하지만 누구도 범접할 수 없는 사명이 주어졌다 하더라도 그 사명을 감당하는 것은 남편의 몫이기에 남편에게 그것을 감당할 만한 능력이 있어야 합니다.

남편이 가르치고 싶어도, 다스리고 싶어도 가르칠 내용과 올바른 다스림의 원리를 소유하지 않고 있다면, 오히려 그의 자리는 부끄러운 곳이 될 것입니다. 그러므로 남편들은 열심히 공부해야 합니다. 무슨 공부를 해야 합니까? 주식 투자로 돈 버는 법을 배워야 합니까? 기발한 아이디어로 아내를 깜짝 놀라게 할 이벤트 만드는 법을 배워야 합니까?

　남편들이 공부하여 마음과 머리를 가득 채워야 할 것은 바로 하나님의 말씀, 즉 진리입니다. 주님을 아는 지식을 따라 아내를 사랑하고, 주의 교양과 훈계로 자녀를 가르치는 남편에게 복종하지 않을 아내는 거의 없습니다. 다스림의 위치에 맞는 소양을 갖추어야 합니다.

남·편·의·기·도

이름뿐인 가장이 되고 싶지는 않았습니다. 가장으로서 처자식들을 먹여 살린다는 이유로 참 열심히 일하고 희생했었는데, 그것이 전부가 아닌 것을 알았습니다. 무엇보다 중요한 것이 가정을 올바르게 다스리는 것인데, 저는 그 역할을 제대로 감당하지 못했습니다. 저의 가슴과 머리에 하나님의 마음을 가득 채우기를 원합니다. 그 지식을 따라 아내와 자녀를 인격적으로 다스리고 싶습니다. 다스림의 위치에 맞는 소양도 갖추지 않고, 아내에게 복종을 요구하고 자녀들에게 인정받을 것을 바라는 못난 가장이 되지 않도록 도와주소서.

21

하나님의 성품을 아는
지식을 따라서

베드로전서 3장 7절의 말씀을 보면서 남편이 갖추어야 할 소양이 무엇인지 함께 생각해 보기를 원합니다. 사도 베드로는 "남편 된 자들아 이와 같이 지식을 따라 너희 아내와 동거하고"라고 말합니다. 아내와 함께 사는 데 무엇이 필요하다고 말합니까? 바로 지식이라고 말합니다. 이 지식은 한 가지 분야에 대한 지식이 아니라, 아주 입체적인 성격의 것입니다. 먼저, 그 지식이 하나님의 성품을 아는 지식이라는 점을 지적하고 싶습니다. 저희 교회는 청년들이 결혼하기 전에 철저하게 결혼 교육을 받습니다. 지금은 너무 많은 형제자매가 결혼을 해서 제가 직접 교육하지는 못하지만 예전에는 일일이 불러서 교육을 했습니다. 결혼 교육을 하면서 정말 놀랐던 것은 신앙이 좋고 은혜를 많이 받았다는 청년들이 성경적인 결혼, 성경적인 가정에 대해 너무도 모르더라는 사실이었습니다. 결혼에 대한 아무런 그림도 없이 머릿속이 텅 빈 채로 결혼을 하니, 크리스천 가정들도 이혼율이 점점 증가하는 것 아니겠습니까? 결혼하는 이유가 단지 적령기가 되었고, 마침 사랑하는 사람을 만났기 때문이라면 하나님을 모르는 세상 사람들의 시집가고 장가가는 모습과 다를 것이 없는 것입니다. 저는 결혼의 성경적 대의를 모르는 크리스천 가정들이 행복한 가정이 될 수 있다면 그야말로 소 뒷걸음질에 개구리 밟힌 격이라고 생각합니다.

남편과 아내 모두가 결혼의 성경적 대의를 알아야 하겠지만 저는 가르치고 다스려야 할 사명이 있는 남편들에게 더 힘 주어 말하고 싶습니다. 하나님께서 남자와 여자를 만드시고, 인류에게 결혼 제도를 주신 이유가 무엇인지 정확히 알아 가십시오. 그리고 하나님의 어떤 성품이 이런 제도와 질서를 창조하게 하신 것인지 끊임없이 배우고, 그 지식 안에서 더욱 권위 있는 남편으로 자라 가시길 바랍니다.

남·편·의·기·도

어떤 남편이 되어야 하는지, 어떤 아버지가 되어야 하는지 깊이 있고 진지하게 생각하고 공부해 보지 못했습니다. 이렇게 중요한 사명을 맡으면서 준비가 너무 소홀했던 것을 인정합니다. 이제라도 결혼의 성경적 대의를 공부하면서 가정을 어디로 인도해야 하는지 깨닫기를 원합니다. 우리 가정이 하나님의 성품을 따라, 당신이 원하시는 가정의 모습을 지향하는 아름다운 하나님의 나라가 되게 하소서.

22

아내를 아는 지식을 따라

남편이 소유해야 할 지식 두 번째는 일반적인 아내라는 존재에 대한 지식입니다. 성경은 아내를 "저는 더 연약한 그릇이요" 벧전 3:7라고 말합니다. 때로는 강해 보이는 아내가 있을 수 있습니다. 그래서 "아내가 연약하다고요? 말도 안 됩니다. 제 평생 소원은 한 번이라도 아내의 연약한 모습을 보는 것이지요. 오히려 제가 약하디 약한 남자라고요."라고 말하는 남편들이 있을지 모르겠습니다. 비록 아내가 강해 보일지라도, 그것은 보이는 모습일 뿐입니다. 실상은 연약한 존재라는 것입니다. 성경이 언명하고 있지 않습니까?

우리 옛 여인들의 삶은 어떠했습니까? 이혼은 생각도 못해보고, 어린 나이에 청상 과부가 되어도 평생 수절을 하며 살았습니다. 그 여인들이 독하고 강해서 그렇게 살았겠습니까? 그 연약함을 받아 주는 사람이 없었고, 표현할 수가 없었기에 그렇게 살아온 것이 아닐까요? 속 깊이 헤아려 주고 이해해 줄 사람만 있었다면 연약함을 자연스럽게 표현하고, 도움을 청하면서 살았을 것입니다.

남자들은 보이는 대로 판단하려고 합니다. 그래서 여자가 강한 모습을 보이면 '아! 강한 여자구나.' 라고 판단합니다. 그러나 그 속에 숨겨진 여자의 본성을 꿰뚫어볼 수 있어야 합니다. 아내가 강한 모습을 보일 때, 성경의 말씀, 아내는 더 연약한 그릇이라는 말씀을 떠올려 보십시오.

저는 '아내' 하면 떠오르는 이미지가 섬세한 'PDP' Plasma Display Panel 입니다. PDP와 같이 민감한 반도체로 만든 가전 제품들은 대개 아주 정교하게 만들어집니다. 머리털보다 더 가느다란 코일이 복잡하게 얽혀 있어서 보통 사람들이 고쳐 보려고 해체해도 뭐가 뭔지 알 수가 없습니다. 떨어트리기라도 하면 부속품 전부를 다 갈아야 하는 사태가 발생할 수도 있습니다. 이것에 비해 옛날 진공관 라디오를 생각해 보십시오. 겉보기에도 아주 튼튼하고, 고장난 건가 싶을 때는 손으로 때리고 두들기면 정신을 차리고 소리를 내고는 하였습니다. 마치 남자들처럼 아주 단순하기 짝이 없습니다.

섬세한 디지털 가전 제품과 같은 것이 여성의 본성입니다. 남편들은 일반적인 아내들이 바로 이런 존재라고 하는 사실을 알아야 합니다. 남편들이여! 아내가 고장나지 않도록 조심스럽게 다루십시오.

하지만 어떤 의미로 아내의 섬세함은 아내의 강점이 될 수 있습니다. 튼튼하지만 무딘 진공관 라디오와 같은 남편의 부족한 점을 채워 줄 수 있기 때문입니다. 그러나 이 모든 것이 보편적인 아내들에 대한 이해가 없이는 불가능합니다. 지식이 없이는 사고의 전환도 일어나지 않는다는 사실을 기억하십시오.

분명, PDP를 다루는 방법과 진공관 라디오를 다루는 방법은 천지 차이입니다. 사랑하는 여러분! 아내를 아는 지식을 따라 아내를 애지중지 다루고 아내의 본성이 남편인 여러분의 부족함을 채울 수 있도록 활용하는 지혜로운 남편이 되시기를 바랍니다.

남·편·의·기·도

아내가 저와 다르기 때문에 화나고 답답했던 적이 참 많았습니다. 그러나 아내가 저와 다르기 때문에 제게는 아주 귀한 존재라는 사실을 말씀을 통해 알았습니다. 조금씩 아내를, 여자를 아는 지식을 배워 가겠습니다. 그래서 그 지식을 따라 하나님께서 우리를 만나게 하신 목적을 충분히 이루어 드리는 결혼 생활을 해 나가길 원합니다.

The Family as a Model

23

자기 아내를 아는 지식을 따라

어느 부부가 외식을 하러 갔습니다. 아내가 외식 좀 하자고 아무리 졸라도 매번 집에서 된장찌개 먹자던 남편이 그날은 웬일인지 먼저 맛있는 저녁을 사주겠다고 했습니다. 아내는 '야호!' 하며 예쁘게 차려 입고 따라나섰습니다. 그런데 남편이 데리고 간 곳은 아주 허름한 사철탕 집. 남편은 사철탕을 시켜 놓고 땀을 뻘뻘 흘리며 먹습니다. 한참을 먹다가 음식에 젓가락도 안 대는 아내를 보며, 다그치듯 묻습니다. "와 안 묵노? 이거 몸에 억수로 좋데이." 그리고 다시 열심히 사철탕 속으로 빠져 들었습니다. 아내가 더 실망했던 것은 두 달 후 또 외식을 하러 나갔는데, 그때 남편이 강력하게 추천했던 메뉴도 사철탕이었다는 것입니다.

요즘으로 말하면 정말 간이 큰 남자인 것 같습니다. 이런 사람은 아내가 무엇을 좋아하고 싫어하는지, 아내의 약한 부분이 무엇이고, 어느 분야에 재능이 있는지 전혀 관심이 없는 사람입니다. '자기 아내'를 아는 지식이 없기 때문에 자기는 열심히 사랑을 한다고 하지만 주파수가 맞을 리 없습니다. 그 사랑은 진정한 의미에서 사랑이 아닌 것입니다.

일반적인 아내들에 대한 지식도 중요하지만 그 기반 위에 자기 아내를 아는 지식이 있어야 합니다. 그녀는 특별한 존재로서의 독특성이 있습니다. 이 세상의 남자들이 다 똑같지 않듯이 아내도 이 세상의 모든 여자들과 다른 성품이 있습니다.

처음부터 아내만의 독특한 성품을 다 파악할 수는 없습니다. 그래서 아내를 아는 지식에서 자라 가겠다는 마음으로 시간을 두고 차근차근 알아 갈 필요가 있습니다. 그런 지식을 소유하겠다는 목적 자체가 아내를 사랑하고 있다는 증거입니다. 차근히 알아 가겠다는 것은 관심 있게 지켜보겠다는 의미이기 때문에 그것 또한 아내를 깊이 사랑하고 있음을 보여 주는 좋은 척도가 됩니다.

남편들은 이런 노력 없이 무작정 잘해 주면 되겠지 하면서 아내의 투정, 불만을 근거 없는 짜증쯤으로 생각합니다. 아내가 왜 짜증을 부리는 줄 아십니까? 사랑받지 못한다고 느끼기 때문입니다. 남편들은 충분히 사랑해 주었다고 느끼겠지만 아내가 원하는 바가 뭔지도 모르면서 쏟아 붓는 사랑은 그야말로 이기적인 사랑에 불과한 것입니다.

본문에서는 자기 아내를 아는 지식을 따라서 동거하라고 나옵니다. '동거'는 둘이 함께 부대끼며 사는 것만을 의미하지 않습니다. 다윗은 "형제가 연합하여 동거함이 어찌 그리 선하고 아름다운고"시 133:1 라는 시편을 남겼습니다. 오늘 본문과 다윗의 시에서 말하는 동거는 정신적으로나 공간적으로 서로 기대고 연합을 이루면서 사는 상태를 말합니다. 이런 인격적 연합이 없이 같이 사는 것은 정말 허울뿐인 동거에 지나지 않습니다.

지식이 없이 진정한 의미에서의 동거를 할 수 있을까요? 서로 깊이 이해하지 못하는데, 그들 사이에 인격적 연합이 가능할까요? 그러므로 지식이 없이는 진정한 동거가 안 된다는 것입니다.

각 사람들 속에는 정말 그 끝을 알 수 없는 방대한 우주가 펼쳐져 있습니다. 여러분, 우주 끝에 가 보셨습니까? 우주의 부피를 아십니까? 아내는 우주보다 더 입체적이고 방대한 존재입니다. 짧은 지식으로는 아주 작은 부분도 파악할 수 없는 우주처럼, 끊임없이 새로운 모습을 보여 주는 우주처럼, 아내도 그렇게 아득하고 날로 날로 새로운 존재입니다. 그러므로 아내를 아는 지식도 자라 가야만 참으로 아내를 안다고 할 수 있습니다. 그럴 때, 비로소 아내를 향한 사랑에서도 자라 가는 것입니다.

아내를 아는 지식에서 부족하나마 자라 가십시오. 그렇지 않으면 아내와 인격적으로 연합되어 사랑하며 동거할 수 없습니다. 허울뿐인 동거는 하나님께서 진정으로 원하시는 부부의 삶이 아닙니다.

남편의 자리를 아름답게 지키는 일의 핵심에 '지식'이 있다는 것을 잊지 마십시오.

남 · 편 · 의 · 기 · 도

아내는 항상 뭔가 부족한 듯해 보였습니다. 아이들 키우느라 힘들어서 그런가 했는데, 이런! 제 사랑이 부족하다고 느껴서 그랬나 봅니다. 또 저는 한다고 했는데, 아내가 너무 많은 것을 요구하는 것 같아 좀 불만이었습니다. 그런데 이제 알았습니다. 아내를 아는 지식이 없었기 때문에 그녀가 원하는 것을 해줄 수 없었다는 것을……. 이제 아내를 알아 가기로 결심합니다. 저의 감각으로 아내를 제대로 알아갈 수 있을지 미지수지만, 아내를 사랑할 수 있는 지식을 허락해 주십시오. 그래서 하나님이 원하시는 남편이 한번 되어 보겠습니다.

The Family as a Model

24

'전쟁 같은 사랑'으로 실현되는 작은 천국

of the Kingdom of Go

사도 바울이 보기에 에베소교회는 신앙이 그래도 괜찮은 교회였던 것 같습니다. 에베소교회를 위한 사도의 기도에서 "너희를 인하여 감사하기를 마지 아니하고"엡 1:16라고 언급한 것을 보아 비교적 건강한 교회였음을 짐작할 수 있습니다. 복음 안에서 잘 자라 가고 있는 교회를 향해 사도 바울은 특별한 권면을 합니다. "남편들아 아내 사랑하기를 그리스도께서 교회를 사랑하시고 위하여 자신을 주심같이 하라"엡 5:25.

여기서 우리가 깨달을 수 있는 사실이 있습니다. 남편이 아내를 사랑하는 것이 아주 자연스러운 일 같지만 그렇게 만만한 일이 아니라는 사실입니다. 그러기에 아름답게 자라고 있던 에베소교회에 사도가 특별히 아내 사랑하기를 권면하고 있는 것입니다.

누구를 사랑하든 사랑은 마치 전쟁과도 같습니다. 사랑은 사랑하지 못하게 하는 수많은 장애와 싸워 이겨야 성취되는 것이기 때문입니다. 아내를 향한 사랑도 마찬가지입니다.

갓 결혼하여 들여 놓은 가구에 아직 흠집 하나 나지 않은 신혼 때는 복종이니 사랑이니 하는 계명을 강조하지 않아도 저절로 복종하고 사랑할 수 있습니다. 그때에는 퇴근 시간이 되자마자 잠깐의 망설임도 없이 여우 같은 아내가 기다리고 있는 집으로 직행합니다. 아내는 남편 입맛에 딱 맞는 음식을 정성껏 차려 놓고 남편을 기다립니다.

하지만 사도 바울이 염두에 두고 있는 결혼 기간은 꿈 같은 신혼 때가 아니라 평생입니다. 결혼으로 맺어진 부부의 관계는 어느 날 맘에 들지 않는다고 돌아서면 끝나는 문제가 아닙니다.

원칙적으로 부부라는 관계는 상대가 죽어야 끝나는 관계입니다. 실로 정상적인 경우에 장구한 세월을 이어 가는 것인데, 그 세월 동안 얼마나 많은 사연이 생기겠는지 생각해 보십시오. 우리의 신앙 여정도 단 몇 년에 끝나는 것이 아니어서 쉽지만은 않듯이 부부로 사는 일 또한 그런 것입니다.

에베소교회를 향해 아내 사랑에 대한 권면을 하고 있는 바울이 고린도전서를 통해 그 사랑이 어떤 사랑인지를 알려 주었습니다. 그는 "사랑은 오래 참고"고전 13:4라고 말합니다. 그가 말한 사랑은 낭만적인 것이 아니었습니다. 다시 말해 사랑이란 자연스럽게 우러나오는 것뿐만이 아니라 뭔가 의지를 발동해서 참든지, 하기 싫은 것을 억지로 해야 할 때도 있다는 것입니다.

사랑한다면 주체할 수 없는 감정이 날마다 솟구쳐야 하는 것 아닐까요? 그렇게 인내해야만 성취되는 사랑이 진정한 의미에서 사랑일 수 있을까요? 사도는 사랑이 그렇게 끊임없이 추구하고 의지를 발휘해야 도달할 수 있는 것이라고 말하고 있습니다. 바울이 에베소서에서 말하고 있는 사랑도 고린도전서 13장에서 언급한 종류의 사랑입니다. 무례히 행하고 싶은데 절제하고, 분내고 싶은데 온유한 마음으로 승화시켜야 하고, 투기하고 싶은데 있는 모습 그대로 인정해 주어야 하고……. 그야말로 내면에서 전쟁을 치러야 성취되는 사랑.

한없이 부족한 두 사람이 죄 많은 이 세상에서 만나 부부가 됩니다. 이 부부가 끝까지 사랑하기 위해 필요한 것이 무엇일까요? 지지 않는 육신의 아름다움일까요? 엄청난 양의 재산일까요? 서로 감탄할 만한 높은 지위일까요? 우리는 이런 조건을 취하여 부부 생활의 행복을 실현하고 싶겠지만 성경이 제시하는 가정의 원리로 돌아가 생각해 봅시다.

본문에서 사도가 제시하는 사랑, 바로 전쟁 같은 사랑이 하나님께서 부부로서 맺어 주신 하나님의 대의를 실현하며 살 수 있는 열쇠입니다. 사랑하지 못하게 하는 요소들과 끊임없이 싸우며, 서로 부족한 인격만큼 사랑을 길어 올려서 연약한 상대를 감싸는 노력을 해보십시오. 황무지와 같았던 가정이라는 터에 천국이 실현되는 모습을 목도하게 될 것입니다.

남·편·의·기·도

우러나오지 않으면 사랑하기를 멈추었던 저의 불성실을 용서해 주옵소서. 아내에게도 참 미안합니다. 저는 아내가 항상 사랑스러운 사람이기를 바랐습니다. 아내가 사랑스러워 보이지 않게 하는 많은 장애를 극복하고, '그럼에도'의 사랑을 해야 하는데 말입니다. 아내를 사랑하기 위해 제 안에서 아무리 치열한 전쟁이 일어나더라도, 그녀를 위해 많이 참고 감싸 줄 줄 아는 진정한 신사로 살기를 원합니다.

25

끝나지 않는 변명의 고리를 끊는 아내 사랑

아내가 남편에게 복종하되 교회가 그리스도께 하듯 복종해야 하듯이, 남편은 아내를 사랑하되 그리스도께서 교회를 사랑하시듯 사랑해야 합니다. 그리스도께서 교회를 향하여 갖는 사랑은 일시적인 연애 감정이 아닙니다. 그 사랑은 완전하며 끓어오르는 인간의 정욕적인 사랑과는 전혀 다른 것입니다. 그분의 교회 사랑은 이성적이고, 지적이면서도 끊임없이 인격 속에서 흘러 넘쳐서, 교회를 향해 부어지지 않고서는 견딜 수 없는 사랑입니다. 성경은 남편들이 이러한 사랑으로 아내를 사랑하라고 명하고 있는 것입니다.

하나님께서는 모든 하나님의 자녀는 이웃을 사랑하면서 살아야 한다고 수시로 말씀하십니다. 초대교회도 이 가르침을 따라, 긍휼에 풍성하신 하나님의 사랑이 시키는 대로, 성도를 섬기고 손님을 접대하는 것을 아주 중요한 사역으로 생각했습니다. 사랑으로 이웃을 돌보고 섬기는 것은 하나님의 자녀가 마땅히 따라야 할 거룩하고도 복음적인 의무입니다. 그러나 우리가 잊지 말고 기억해야 할 것은 모든 이웃에 대한 사랑과 인격적으로 깊이 결합한 부부 사이의 사랑은 구별하여 생각해야 한다는 것입니다.

많은 이웃이 있고 그들 모두를 사랑해야 하지만 하나님께서는 우리에게 인격적으로 결합하여 특별한 사랑을 나눌 수 있는 한 사람을 허락하시는데 그것이 아내이고, 남편입니다. 성경은 바로 이런 특별한 존재인 남편과 아내에게 사랑을 나누라 말하고, 특히 남편에게 아내를 사랑하라고 더욱 힘 주어 말하고 있습니다.

남편에게 복종하지 않는 아내에게 그럴듯한 이유가 많이 있듯이, 아내를 사랑하지 않는 남편에게도 많은 현실적인 이유가 있습니다. 하지만 서로 앞다투어 마땅한 의무를 다하지 못하는 것에 대해 토를 달기 시작하면 가정의 문제는 해결되지 않습니다. 서로 할 말이 너무 많고, 꼼짝 못하게 만들 약점을 너무도 잘 알고 있기에 '……때문에.' 하며 따지기 시작하면 끝이 없는 것입니다. 이 악순환을 끊을 수 있는 것은 한 사람이 작정을 하고, 상대를 사랑해 버리는 것입니다. 그래서 사도 바울이 딱 잘라 말하고 있지 않습니까? "남편들이여, 아내를 사랑하십시오." 복잡하게 말하지 않았습니다. 군더더기 없는 너무도 명중한 진리의 선포입니다.

저는 어떻게 하면 아내를 기쁘고 즐겁게 해줄 수 있겠는가 하는 방법을 나열하면서 여러분에게 감동을 주기 위해 이 책을 써내려 갈 생각은 없습니다. 단지, 한 가지를 반드시 기억하십시오. 평범해 보이는 명령에 순종하는지 안 하는지의 문제가 처음에는 너무 작게 보일지 몰라도 필경 우리의 영적인 삶에 엄청난 영향력을 행사할 것이라는 사실을…….

사랑하는 여러분! 하나님의 교회가 함께 모여서 예배하고 찬송하고 구제하고 선교하는 훌륭한 일을 한다고 합시다. 하지만 교회가 하나님을 전심으로 사랑하고, 말씀하시는 하나님께 순종하며 살아가려 하지 않는다면 그 교회 속에 건전한 영성이 깃들 수 있겠는지 생각해 보십시오. 여러분, 이 원리가 그대로 가정에도 적용된다는 사실을 인정하고 그 아름다운 질서와 원리 속에서 기쁘게 살아갑시다.

남·편·의·기·도

'남자답게'를 구호로 외치면서도 진정으로 남자답지 못했습니다. 아내도 저도 서로 철이 없는 것을 자랑이라도 하듯이 절대 져 주지 않았던 것 같습니다. 흔히들 말하는 "지는 것이 이기는 것이다."라는 말이 참으로 맞는 말이라는 생각이 듭니다. 예수 그리스도께서 먼저 우리를 사랑하심으로 십자가를 지셔서 승리하셨듯이 아내를 먼저 사랑함으로 진정한 승리를 맛보길 원합니다.

26

아내 사랑과 창조의 목적

예전에 제가 교수로 재직하고 있을 때 가까이 지내던 한 목사님께서 어느 날 얼굴에 수심을 가득 담고 저를 찾아오셨습니다. 사모님과 아이들 교육 문제로 좀 심하게 다투셨는데, 서로 말을 안 한 지가 16일이 지났다는 것이었습니다. 저는 속으로 '참! 대단하시다.'고 생각했습니다. 목사님께서는 자존심이 상해서 먼저 말을 못 걸고 계셨는데, 먼저 사과해야만 하는 이유가 생겼다고 말씀하셨습니다. 그 이유는 그렇게 입을 꾹 다물고 있는 16일 동안 기도를 해도 허공을 치는 것만 같고, 심령이 점점 곤고해지더라는 것입니다. 이후에 그 목사님께서는 먼저 사과를 하셨고, 다시 하나님과의 관계도 회복이 되셨다고 합니다.

베드로전서의 남편들을 향한 말씀이 이 목사님께 일어났던 모든 변화의 정체를 밝혀 주고 있습니다. 베드로 사도는 아내를 사랑하고 귀히 여길 것을 명령하면서 그래야 하는 이유가 바로 "너희 기도가 막히지 아니하게 하려 함이라"벧전 3:7고 말하고 있습니다.

　신자가 죄인 줄 알면서도 지속적으로 불순종하는 죄를 지으며 살아갈 때, 하나님께서는 그 태도에 대해서는 더 무섭게 다루십니다. 모르고 짓는 죄와 알고 짓는 죄, 두 경우 모두 영혼에 영향을 미치지만, 알고 짓는 지속적인 죄는 더 심각한 영향을 미치기 때문입니다. 하나님께서 분명히 들려 주시는 계명이 있는데도 그것을 무심코 흘려 보내고, 더군다나 그 계명을 실천하지 못하고 살아간다면 아주 사소해 보이는 부분 때문에 신령한 삶을 살지 못하게 됩니다.

　성경에서 만날 수 있는 뛰어난 영성의 사람들, 그리고 우리 주위에 있는 믿음의 사람들이 신령한 삶을 살 수 있었던 비결은 어쩌면 대단한 것이 아닐 수 있습니다. 그들은 그저 하나님께서 지키라고 하신 계명에 대해서는 그 계명의 경중을 따지지 않고 모두 지키려고 했기 때문에 그런 삶을 살아갈 수 있었던 것입니다. 하나님께서 남편들에게 아내를 사랑하라고 진지하게 명령하고 계신 것은, 단지 행복한 가정을 이루게 하려는 이유 때문만은 아닙니다. 아내를 사랑하는 것이 바로 창조의 원리로 되돌아가는 것이기에 사랑하라고 명하고 계신 것입니다. 주님을 위해 무엇을 더 크게 순종해볼까 하는 생각을 하기 전에, 먼저 여러분의 삶의 작은 영역에서 지속적으로 불순종하는 부분들을 어떻게 하면 말끔히 해결할 수 있을까를 궁리해 보시기 바랍니다. 하나님의 뜻은 위대한 순종을 통해서도 이루어지지만 작은 불순종의 잡초들을 제거하는 일을 통해서도 이루어질 수 있는 것입니다.

  사도 베드로는 베드로전서 3장에서 남편들에게 아내를 사랑하라고 명령하는 이유를 분명히 밝혔습니다. 그 계명을 지키지 않을 때, 그 불순종이 가시가 되어 남편의 삶에 박혀 끊임없이 고통을 줄 것이기에 사랑하라는 것입니다. 모든 것이 하나님의 뜻, 즉 태초부터 정해 놓으신 의도대로 돌아가지 아니하면 하나님과의 관계가 막히는 것입니다. 우리가 크게 염두에 두고 있지 않는 가정이라는 영역에도 이 진리는 그대로 적용됩니다. 남편들이여! 요즘 아무리 애를 써도, 영혼의 목마름이 가시지 않고 있습니까? 영혼 속에서 샘물처럼 터져 나오던 기도가 완전히 메말라 기도 시간이 사막과 같이 느껴지십니까? 큰 원인을 찾기 이전에 아주 가까운 곳, 아주 작은 불순종의 영역을 살펴보십시오. 어쩌면 아내를 사랑 없이 대하는 사소한 태도 하나 때문에 영적 황폐함이 깊어져 가고 있는지도 모를 일입니다.

남 · 편 · 의 · 기 · 도

  이 묵상을 통해 제 영혼의 곤고함의 이유가 아내와의 관계가 원만하지 못한 것 때문이 아닌가 생각해 보았습니다. 과거의 경험을 살펴보아도, 아내와의 불화는 영혼의 문제와 상당한 관계성이 있는 것 같습니다. 대수롭지 않게 생각했는데, 저도 모르게 삶의 한 구석에 큰 구멍이 나 있었습니다. 아내를 대하는 제 태도를 점검하며, 하나님 앞에 불순종하는 영역은 없는지 아주 작은 부분까지 점검해 보겠습니다.

PART 3
아비들이여

또 아비들아 너희 자녀를 노엽게 하지 말고 오직 주의 교양과 훈계로 양육하라(엡 6:4)

아비의 생명과 아이의 생명이 서로 결탁되었거늘 이제 내가 주의 종 우리 아비에게 돌아갈 때에 아이가 우리와 함께 하지 아니하면(창 44:30)

of the Kingdom of God

he Family as a Model

27

사랑으로 연합하라

요셉이 애굽의 총리가 되어 가족들과 상봉했을 때, 요셉은 막내 베냐민을 자신의 곁에 두려고 특별한 조치를 취합니다. 그것은 베냐민에게 누명을 씌워 본토로 돌아가지 못하도록 하는 일이었습니다. 이때 맏형인 유다가 요셉에게 간청하였습니다.

"아비의 생명과 아이의 생명이 서로 결탁되었거늘 이제 내가 주의 종 우리 아비에게 돌아갈 때에 아이가 우리와 함께 하지 아니하면 아비가 아이의 없음을 보고 죽으리니 이같이 되면 종들이 주의 종 우리 아비의 흰 머리로 슬피 음부로 내려가게 함이니이다" 창 44:30-31.

'아비의 생명이 아이의 생명과 결탁되었다.' 는 구절은 야곱이 베냐민을 얼마나 사랑하고 있는지를 잘 보여 줍니다. 야곱은 열두 아들 중 요셉과 베냐민을 특별히 사랑했습니다. 요셉이 사라진 후 야곱의 자식 사랑은 베냐민을 향해 더 편중되었을 것입니다. 베냐민을 향한 야곱의 사랑은 분명 편애였습니다. 그럼에도 하나님께서 우리에게 요구하시는 자식 사랑은 야곱이 베냐민을 사랑하듯 자식과 온전히 연합된 것과 같은 사랑임에는 틀림이 없습니다.

우리는 자식들에게 어떻게 부모 노릇을 해야 하는지에 대해 혼란을 느끼는 경우가 많습니다. 그래서 아이가 해달라는 대로 무조건 해주거나, 아이와 사랑하고 사랑받는 관계를 맺지 못하여 결국은 노년에 외로운 일생을 마치게 되는 경우를 종종 보게 되는 것입니다.

어떤 부모들은 이렇게 반박할지도 모릅니다.

"연합? 뜻이야 좋지요. 그런데 연합도 연합할 만한 사람하고 연합을 해야지, 이렇게 속을 썩이고 부모 마음도 몰라 주는 천방지축 같은 녀석들과 어떻게 연합을 이룰 수 있겠습니까?"

그런데 우리가 기억해야 할 것은 그럼에도 부모의 가장 중요한 사명이 아이를 사랑하여 깊이 연합하는 것이라는 사실입니다. 시편에서 시인은 말합니다. "아비가 자식을 불쌍히 여김같이 여호와께서 자기를 경외하는 자를 불쌍히 여기시나니"시 103:13. 시인 다윗이 하나님과의 관계에서 경험했던 가장 깊은 관계의 비밀은 긍휼이었습니다. 하나님 아버지께서 당신의 자녀들을 향하여 긍휼의 마음을 품듯, 이 땅의 아비들 또한 그러해야 하는 것입니다.

문제는 부모에게 자식을 향한 진실한 사랑이 없는 데 있습니다. 청교도 존 오웬John Owen은 이 문제를 논증하면서 부모가 자녀를 사랑하지 않는 이것이 바로 이 세상 사람들 안에 역사하고 있는 죄의 힘이라고 말합니다. 짐승도 자기의 새끼를 간수하고 사랑할 줄 아는데, 인간에게 있는 죄가 자식에 대해서 무자비하게 만든다는 말입니다.

'이 땅에서 가장 위대한 사랑' 하면, 자식을 향한 부모의 사랑을 꼽습니다. 그런데 부모가 자식과 연합하지 못하는 이유가 사랑 없음이라니, 좀 이해가 되지 않기도 합니다. 하지만 부모인 여러분들께 묻고 싶습니다. 여러분이 자식에게 쏟는 사랑이 과연 자식을 위한 것인지……. 부모의 과도한 기대, 자기 만족, 야망이 사랑이라는 옷을 입고 자녀에게 부어지고 있는 것은 아닙니까? 그들에게 거는 기대가 과연 그 아이들에 대한 관심에서 비롯된 것입니까?

여러분! 사랑 없음의 극치는 구타나 폭행, 폭언 등이 아니라 무관심입니다. 부모가 자녀에게 아무 관심이 없고, '네 인생은 네 인생, 내 인생은 내 인생'으로 여기는 것은 마치 자녀에게 무한한 자유를 준 것처럼 보입니다. 하지만 사실 그 아이는 정신적으로 부모와의 관계가 단절되고 버려진 것과 일반인 것입니다. 그것은 폭력보다 더 무서운 결과를 낳습니다.

중요한 것은 자녀들을 향해서 부모가 보여 주는 깊은 관심과 사랑입니다. 자녀를 둘러싼 여러 가지 조건들에 대한 관심이 아니라 그 아이 자체에 대한 관심과 사랑인 것입니다. 이런 진실한 사랑의 관계 속에서 부모와 자녀가 연합하는 것이 자식이 참 사람으로 자랄 수 있는 가장 중요한 자원입니다.

이 자원을 통해 아이들이 하나님의 성품을 경험할 수 있도록 해주십시오. 부모와의 인격적인 연합의 관계를 통해 만질 수도, 볼 수도, 냄새를 맡아 볼 수도 없는 하나님의 사랑에 대해 배워 갈 수 있도록 이끌어 주십시오.

부·모·의·기·도

하나님! 하나님의 은혜로운 선물로 자녀를 허락하시니 감사합니다. 아이를 사랑한다고 하면서도, 때때로 아이에 대한 진실한 관심이 아니라 제 욕심이 개입하여 서로 상처를 주고받을 때도 있었습니다. 제가 자녀에게 쏟는 사랑이 저의 야망 때문에 퇴색되지 않도록 저의 마음을 정결하게 하여 주옵소서. 주님이 저를 사랑하심같이 제가 자녀들을 사랑하여 주님이 원하시는 사랑의 연합을 이룰 수 있도록 도와주옵소서.

28

하나님의 사랑으로 사랑하라

한 사람이 태어나 일생을 살아가는 동안, 네 사람을 진정으로 사랑한다면, 그는 하나님을 사랑한 사람이라 할 수 있습니다. 진정으로 사랑할 상대는 첫 번째로 그의 부모입니다. 두 번째는 그의 남편, 혹은 아내이며, 세 번째는 그의 자녀, 마지막으로는 목회자입니다.

저는 부모, 배우자, 자녀들에게서 사랑과 존경을 받는 사람들의 인격은 신뢰할 만하다고 생각합니다. 어쩌다가 한 번씩 만나는 사람에게 좋은 인상을 남기고 칭찬을 듣는 것은 쉬운 일입니다. 하지만 가장 가까이에서 부대끼는 사람들에게서 진정으로 우러나는 사랑과 존경을 받는 일은 참으로 어렵다는 것을 여러분도 잘 아실 것입니다.

가족은 나 자신의 신앙을 비춰 주는 거울입니다. 그리고 끊임없이 자기 자신의 뜻을 굽히고 순종해야 하는 자기 깨어짐의 아픔을 가져다 줍니다. 남편이나 아내, 시어머니나 시동생, 그리고 자녀와 끊임없이 부딪히고 깨지는 아픔은 이루 말할 수가 없는 고통입니다.

청년들과 상담을 하면서, 상당수의 청년들이 부모로부터 받은 상처로 인해 괴로워하는 모습을 보아 왔습니다. 부모에 대한 원망과 분노는 그들의 영적인 발을 꽁꽁 묶어 높이 비상하지 못하게 하는 족쇄가 되기도 합니다. 서로 사랑받고 사랑해야 할 사이임에도 남보다 못하게 지내는 그들의 상황을 보면서 저는 정말 할 말을 잃었던 적이 한두 번이 아니었습니다. 부모에게 충분한 사랑을 받지 못한 것이 영적인 연약함의 핑계거리는 될 수 없겠지만 어느 부분은 그들도 어찌할 수 없는 영역이 있는 것 같아 더욱 마음이 아팠습니다. 이런 비극이 일어나기 전에 부모 된 우리는 성경이 말하는 자녀 사랑의 요소들을 알고 터득해 가야겠습니다.

자녀를 인격적으로 사랑하는 것에는 두 가지의 중요한 요소가 있습니다.

첫째는 자녀를 기뻐하는 것입니다. 사랑을 하면 기쁨이 있습니다. "애야, 네가 여러 가지로 부족한 것이 많다고 해도 나는 너의 존재만으로도 기쁘다."고 말할 수 있어야 합니다. 부모가 이렇게 자기를 기뻐하는 것을 통해서 자녀들은 부모가 자기를 사랑한다는 것을 충분히 인식하게 되는 것입니다.

둘째로 자녀를 소중하게 생각하는 것입니다. 우리는 그리스도의 피 값으로 구원을 받았습니다. 하나님께서 독생자 예수 그리스도의 마지

막 피 한 방울까지 아끼지 않으시고 아무것도 아닌 우리에게 내어 주신 것은 우리를 소중하게 여기셨기 때문입니다. 주님의 눈에 차기에는 한없이 부족하고 죄악 된 존재인 나이건만, 주님은 이런 나를 기뻐하시고 아주 소중하게 생각하신다는 것을 기억하십시오. 그 사랑으로 자녀들을 깊이 사랑하는 부모가 되시기를 바랍니다.

부·모·의·기·도

주님! 제 자신의 죄악 된 본성 때문에 가정에서의 부모의 의무와 책임이 너무나 무겁게 여겨질 때가 많습니다. 아이들에게 인내하고, 희생하는 사랑으로 한결같이 대하기가 어렵습니다. 그래도 사랑의 연합으로 아이들을 사랑할 수 있도록 도와주옵소서. 제가 그들을 사랑하되 주께서 저를 기뻐하시고 귀하게 여기셨듯이 꼭 그렇게 사랑하는 부모 되게 해주소서.

The Family as a Model

29

올바른 모본을 보이라

of the Kingdom of God

　자녀들이 나이가 어릴 때는 부모의 표정을 보고 배웁니다. 화내거나, 두려워하거나, 기뻐하는 부모의 표정을 보면서 아이들은 하던 일을 멈추던지, 혹은 더 신나게 하기도 합니다. 그렇게 해서 선악을 배웁니다. 그러다가 어느 정도 큰 후에는 논리를 보고 배웁니다. '이것은 이러이러하기 때문에 이렇게 하면 사람의 도리가 아니다. 하나님이 기뻐하지 않으시니까 그렇게 하지 말거라.' 하고 타이르면 스스로 설복하는 것입니다.
　그러나 아이가 사춘기에 접어들게 되면 아이는 부모의 뒷모습을 보면서 배웁니다. 부모의 뒷모습이 자기를 가르치는 것과 일치할 때에는, 자신의 잘못된 행동을 인식하면 양심의 가책을 느끼고 행동을 삼가게 됩니다. 그러나 뒤에서 보는 부모의 행동이 앞에서 자기를 가르치는 논리와 일치하지 않을 때 부모에게 드는 반발심은 거센 폭풍우와도 같이 걷잡을 수 없도록 자녀의 마음을 사로잡습니다. 그 폭풍은 자녀의 마음에 지워지지 않는 상처를 새기고 지나갑니다.

 이런 상처가 반복된다고 생각해 보십시오. 그러면 아이에게 있던 선악의 개념들은 흔들리기 시작합니다. 부모에게 매를 한 대 맞은 것은 금방 잊어버릴 수 있지만, 부모가 자기를 가르치는 것과 상반되게 행동하고 비윤리적인 행동을 한 것은 가슴에 씻을 수 없는 상처를 남깁니다. 그 상처는 아이가 자기 안에 있는 하나님의 형상을 발견하지 못하게 하는 결과를 낳습니다. 결국 부모에게 분노의 감정을 품고 자신이 소중하지 않은 존재라고 생각하는 자괴심에 빠지게 되는 것입니다.

 자녀를 낳아 기르는 일은 단순히 양육이 아닙니다. 자녀 양육은 그 영혼에 대한 막중한 책임이 있음을 기억하십시오. 그 책임은 마음에 지닌 부담감으로도 마음만 먹으면 꾸밀 수 있는 앞모습으로도 다할 수 없습니다. 진실만을 말하는 부모의 뒷모습으로만 그 책임을 다할 수 있는 것입니다.

 현실의 삶 속에 나타나는 여러분의 뒷모습에 자녀의 인생을 올바르게 인도할 수 있는 인격적 풍모가 드러나 있습니까? 자녀는 부모의 정직함, 부모의 사랑, 부모의 성실함과 부지런함, 부모의 경건한 삶을 보면서 자신들이 지향해야 할 신앙과 삶의 모습을 배우고 익힙니다. 아이들이 보고 배울 내용을 소유하지 않은 부모의 삶은 그 아무리 높은 지위와 재물을 소유하고 있다 하더라도 헛된 삶이 되는 것입니다.

자녀에게 필요한 것은 죄악으로 가득한 이 세상에서 사람답게 살기 위해서 어떻게 참된 신자가 되어야 하는지, 몸소 보여 줄 수 있는 부모의 경건한 삶의 뒷모습입니다.

부·모·의·기·도

주님! 가정에서 제가 아이들의 선생 되어 진정한 신자의 삶이 어떠한지를 보여 주어야 하건만, 나태하고 무절제한 모습만을 보인 것 같아 너무나 부끄럽습니다. 저의 죄를 용서하소서. 작은 일이지만 매일 말씀을 묵상하는 일을 시작으로, 제 자신을 바로 세우고 우리 가정을 바로 세우는 데 힘쓰게 하소서.

30

과도한 욕망은
과도한 징계를 불러옵니다

'아이의 생명과 아비의 생명이 결탁된' 연합을 유지하기 위한 세 번째는 자녀의 잘못에 대한 합당한 징계를 시행하는 것입니다. 아이를 양육할 때는 피치 못하게 매를 들어야 할 때가 있습니다. 그러나 자녀를 질책하기 위해서 매를 들었는데 감정에 치우쳐 회초리가 아니라 손찌검을 하게 된다면 부모와 자녀의 관계는 금이 가기 시작합니다. 대화로 문제를 해결해야 할 때에 감정에 사로잡혀 손을 대는 것은 이미 질책의 도를 넘어선 폭력입니다.

과도한 징계는 부모의 과도한 기대 때문에 일어나는 경우가 많습니다. 부모가 되어 자녀에게 기대를 갖는 것은 당연합니다. 자녀에게 거는 기대 없이 아이의 옷을 빨아 주고 가방을 챙겨 주고 학교에 보내는 단조로운 일에 무슨 보람이 있겠습니까?

그런데 제가 말하고자 하는 것은 과도한 기대입니다. 공부에 전혀 취미가 없는 아이에게 이 다음에 커서 꼭 판검사가 되어야 한다고 다그치는 부모들을 종종 보게 됩니다. 그들은 집안에 반드시 법조계 인사가 하나씩은 있어야 든든하다며, 공부가 아닌 다른 곳에 재능이 있는 자녀를 두고 허황된 꿈을 꾸고 있는 것입니다. 어디 법조계뿐이겠습니까? 이것은 기대가 아니라 과도한 집착입니다. 집착은 욕망의 산물입니다. 욕망이 커지면 거대에 부응하지 못하는 자녀에게 과도한 징계를 하게 되어 결국 자녀와의 관계가 깨트려지게 되는 것입니다.

아이들을 심하게 책망하고 과도한 징계로 다루는 부모들은 입을 모아 '나 잘 되라고 그러는 게 아니다. 다 너 잘 되라고 그러는 거야.' 하고 큰소리를 칩니다. 하지만 과연 그것이 자식만을 위한 기대인지 자기의 욕망을 자식에게 전가시킨 그릇된 기대인지 냉정하게 생각해 보시기 바랍니다.

여러분의 욕망을 자식을 통해 채우는 데 급급하여 자녀와의 관계에 균열이 생기고 있는 것을 전혀 인식하지 못하는 것은 아닙니까? 자녀와의 인격적 연합의 관계를 파괴하면서까지 부모가 이루어야 할 가치 있는 꿈이 도대체 무엇일까요?

부모와 자녀의 관계의 바탕에는 부모와 하나님과의 깊은 사랑의 관계가 있어야 합니다. 그런데 부모의 마음은 하나님을 추구하는 데서 멀어지기 쉬운 자리에 있습니다. 책임지고 돌보아야 할 식솔들이 없을 때는 언제라도 기도할 수 있고, 말씀을 묵상할 여유가 있었는데, 이제는 혼자가 아닙니다. 가정의 크고 작은 문제들을 해결하지 않으면 가족 모두가 고통당하게 되니 다급하게 벌어지는 가정의 다양한 상황들을 수습하기도 힘든 것입니다. 그러다 보면 미혼이었을 때 받았던 은혜도 자취를 감추고, 그때의 열정도 식어지는 것입니다. 하지만 여러분의 영적 자원이 고갈되는 것 또한, 여러분 혼자만의 문제가 아니라는 사실도 기억하십시오.

부모와 하나님과의 관계에 문제가 생기면 이것은 곧바로 부모와 자녀와의 관계에 영향을 미칩니다. 부모의 믿음이 약해지면, 부모의 성화된 성품은 온데간데없이 사라집니다. 결국, 부모의 본성 속에 숨어 있던 혈기가 터져 나와 아이들을 폭력과 강요로 다스리는 관계로 변질되는 것입니다. 그 속에서 자라나는 자녀들은 마치 쓰레기와 오물 틈에서 기를 쓰고 살아나 꽃을 피우려는 백합과 같습니다. 모진 환경에도 불구하고 한 송이 아름다운 백합화로 피어 나기 위해서는 자녀가 얼마나 숱한 날을 고통하면서 하나님 앞에 성화의 씨름을 해야 할지 한번 생각해 보십시오.

여러분이 부모를 용서하고 사랑하는 일에 대해서 그렇게 가슴앓이하고 아파했듯이 여러분의 자녀들이 여러분을 두고서 여러분이 했던 고민을 되풀이하지 않을 것이라고 장담할 수 있겠습니까? 하나님과 자녀 된 우리와의 관계가 끊어 놓을 수 없는 관계인 것처럼, 부모 된 우리와 자녀와의 관계도 그러합니다. 소중한 관계를 깨트리면서까지 얻을 수 있는 가치 있는 것이 무엇입니까? 아이에게 기대를 거는 것은 좋지만 관계를 파괴하면서까지 그 아이에게 걸어야 할 기대는 없다는 것을 분명히 염두에 두어야 합니다.

부모가 원하는 대로 자라도록 자녀를 억지로 비틀고 꺾지 마십시오. 자녀를 기르는 것은 목회자가 신자들의 믿음을 돌보는 것과 비슷합니다. 사도 바울은 말합니다. "나는 심었고 아볼로는 물을 주었으되 오직 하나님은 자라나게 하셨나니 그런즉 심는 이나 물 주는 이는 아무것도 아니로되 오직 자라나게 하시는 하나님뿐이니라"고전 3:6-7.

부모는 자녀를 양육하면서 이러한 마음을 품어야 합니다. 그렇지 않고 부모 홀로 아이를 사람 만든다고 생각하면 하나님께서 언젠가는 여러분이 부모로서 얼마나 자격이 없는지를 처절하게 깨닫도록 만드십니다. 사랑하는 자녀를 하나님 손에 부탁하는 것도 신앙입니다. 기도로써 자녀의 삶을 하나님께 의탁하십시오.

하나님께서 우리에게 거시는 기대는 너무도 크고 놀랍습니다. 우리가 미처 다 헤아리지 못하는 기대를 걸고 계십니다. 하나님께서 우리에게 기대하시는 그 자리로 우리를 이끄시는 방법이 무엇입니까? 두려움을 주는 채찍으로 우리를 인도하십니까? 우리의 뜻을 억지로 꺾고 완전히 짓밟아서 우리를 이끄셨습니까? 주님은 우리가 당신의 기대에 미치지 못하더라도 사랑으로 오래 참으시고, 충분히 설복하시며, 인격적으로 당신의 뜻을 따르도록 인도하십니다.

우리가 자녀들을 이끄는 방식도 주님의 그것과 닮아 있었으면 좋겠습니다. 자녀에게는 징계가 반드시 필요하지만 부모의 과도한 욕망을 채워 주지 못하는 자식에 대한 원망 어린 징계는 아이에게 독이 된다는 것을 잊지 마십시오.

자녀가 부모의 품에서 하나님의 사랑이 무엇인지를 배우게 합시다. 끝까지 기다리시고, 때리시지만 어루만지시는 하나님의 사랑을 본받아 자녀들을 사랑으로 징계하는 것이야말로 부모인 여러분에게 하나님께서 주신 신성한 의무이자 신앙적 특권입니다.

부·모·의·기·도

하나님 아버지, 제가 우리 아이를 한 사람의 인격체로서 존중하는 마음을 갖게 해 주십시오. 아이에게 징계가 필요할 때는 징계하지만, 사랑하기 때문에 그를 위하여 징계하는 것임을 서로 이해하고 인정하게 하소서. 저의 과도한 욕망 때문에 아이를 징계하여서 그의 마음에 쓴 뿌리가 자라지 않도록 늘 주의 깊게 제 자신을 볼 수 있도록 해주옵소서.

The Family as a Model

of the Kingdom of Go[d]

31

진실한 모습을
보여 주어야 합니다

언젠가 교회 신문에서 한 성도의 간증을 읽었습니다. 하나님을 떠나서 살던 그 성도가 다시 하나님께로 돌아오게 된 작은 계기에 관한 이야기였습니다. 그는 자녀에게서 들은 한마디의 말로 인해 돌이킬 결심을 하게 되었다고 합니다. "아빠, 도대체 우리 온 가족이 함께 예배드린 적이 언제인 줄 아세요?" 이 말은 성도의 마음에 메아리쳤고, 그는 자신의 망가진 신앙 생활을 돌아보게 되었다고 고백하였습니다.

여러분! 신자인 부모는 자녀에게 반드시 올바른 모본을 보여 주어야 합니다. 여러분 중에 부모도 연약한 인간인데 그들의 불완전한 모본이 오히려 아이들을 실망시키지 않겠느냐고 말하는 사람이 있을지도 모르겠습니다. 하지만 자녀들이 부모에게 실망하는 진짜 이유는 부모가 완전하지 못해서가 아니라, 부모에게서 진실함을 찾을 수 없고, 권위로써만 지배하려고 하기 때문입니다. 청소년들과 진지하게 대화해 보면 그들도 인간이 존재함으로 겪어야만 하는 삶의 무게를 부분적으로나마 인식하고 경험하고 있음을 알게 됩니다. 아이들이 성장해 가면서 겪게 되는 크고 작은 일들이 인간 존재의 연약함을 절실하게 느끼게 하고, 그런 과정을 통해 비로소 성인이 되면, 완전하지 못했던 부모에 대해 이해하기 시작합니다. 자녀는 부모의 연약함을 자신의 성장 과정을 통해 좀 시간이 걸리더라도 이해할 수 있습니다. 하지만 진실하지 못했던 부모의 모습은 아이들의 마음에 부모에 대한 기본적인 신뢰를 깨 버리기에 아이들에게서 이해를 바랄 수는 없는 것입니다.

그래서 아이들에게 보여 주어야 할 가장 중요한 모본은 하나님 앞에서 살아가는 진실한 삶의 자세입니다. 아이들은 부모가 완전하지 못한 존재라는 사실이 드러난다 해도 끝까지 실망하지 않습니다. 그러나 부모가 아이들 앞에서 자신이 완전한 사람인 것처럼 가장하면서 실제에 있어서는 부도덕하고 비윤리적인 삶을 살아갈 때 자녀들은 악영향을 받게 되는 것입니다. 부모의 진실하지 못한 인격은 언어로 아이들에게 폭력을 행사하는 것 이상으로, 마음에 더 큰 상처를 주고 그런 상처가 계속 반복되면 아이의 가치관은 무너져 내립니다.

따라서 부모는 자녀가 가치관을 형성하는 데 영향력을 끼치는 존재로서 자신의 삶의 전반을 자녀들에게 투명하게 보여 줄 수 있어야 합니다. 그러면 부모가 완전하지 못하다는 사실이 드러나 아이들이 실망하게 되는 것이 아니라, 부모가 연약하지만 하나님 앞에 진실하게 사는 신자라는 사실 때문에 깊은 감화를 받을 것입니다.

　가정은 아이들이 부모를 통해서 인간의 도리를 배우고, 인간다움의 모본을 볼 수 있는 곳입니다. 하나님께서는 이런 의도를 가지고 자녀가 부모의 그늘 아래서 자라도록 만드신 것입니다. 그러니 여러분이 성화의 삶을 살아가는 것이 자신의 영혼뿐 아니라 자녀의 영혼에 얼마나 절실한 것이겠습니까? 여러분의 삶은 자녀의 눈을 피할 수 없습니다. 자녀들이 여러분을 인생의 스승으로 여기지 않는다면, 여러분의 신앙 생활이 아무리 성공적이라 하여도 그것은 절반의 성공밖에는 되지 않습니다. 그런 연유로 여러분의 신앙은 먼저 가정에서 인정받아야 합니다.

　지금 이 순간부터 진실해집시다. 부모의 권위가 떨어질까 두려워, 아이들이 실망할까 두려워 은폐하였던 여러분의 삶을 투명하게 내어 놓고, 진실하고 정직하게 하나님 앞에 서는 신자의 모습을 보여 줍시다. 아이들은 진실한 모습으로 살려고 분투하는 부모를 보면서 부모에 대한 존경심을 마음 깊이 키워 갈 것입니다.

부·모·의·기·도

하나님! 제가 아이들에게 많은 재물이나 보장된 미래를 물려 줄 수 있다고 장담할 수는 없습니다. 다만, 하나님의 자녀답게 살기 위해 애쓰는 우리 부부의 모습이 아이의 삶에 큰 재산이 되기를 원합니다. 제 자신의 영혼만이 아니라 아이들의 영혼도 밝고 건강하게 자라나도록 그렇게 살겠습니다.

32

잘못된 기대를 버려라

　정작 부모는 타락할 대로 타락한 몹쓸 존재이면서, 아이는 자기와는 전혀 다른, 보다 더 완벽하고 사회적으로도 성공을 거두는 훌륭한 존재가 되기를 원하는 부모들이 있습니다. 옆으로만 걷는 어미 게의 걸음을 보고 자란 새끼 게가 앞으로 걸을 수 없듯이, 여러분의 세속적인 모습은 아이들에게 그대로 투사될 수밖에 없는 것입니다.

　많은 부모들이 자신의 자녀에게 무언가 천부적인 재능이 있을지도 모른다는 기대를 갖습니다. 예술 분야의 교육을 받게 하면서, 하룻밤만 자고 나면 자신의 아이가 월등한 실력을 발휘하여 세상을 깜짝 놀라게 하는 것을 꿈꾸기도 합니다. 그러다가 자녀가 부모의 기대를 따라가지 못하고, 게다가 또래 친구들과 비교하여 실력이 떨어지기까지 하면 비교 의식에 시달리기도 합니다.

하나님께서 우리에게 자녀를 주시고 그 영혼의 양육을 위탁하신 뜻은 자녀가 세상 돌아가는 이치를 영리하게 알아차려 자기 밥벌이를 제대로 하도록 돕는 데 있지 않습니다. 성경적으로 볼 때 부모에게 위탁된 교육의 중요한 핵심은 부모와의 관계를 통해서 자녀에게 신령한 영향을 주어 하나님을 경외하는 사람으로 자라게 하는 것입니다.

자녀 양육 성공의 척도를 어디에서 찾으시겠습니까? 여러분의 자녀 양육은 자녀가 하나님의 백성답게, 창조시의 형상을 회복하며 살아가도록 도와주는 방향으로 진행되어야 합니다. 자녀를 세속적인 눈으로 바라보지 마십시오. 그 아이를 무엇으로 만들까를 생각하기 이전에, 어떤 아이로 자라게 할까를 고민하는 부모가 되시기를 바랍니다.

부·모·의·기·도

주님! 제가 아이의 성적표를 들고 근심하며 한숨만 쉴 줄 알았지, 교회에서 어떻게 예배드리는지, 선생님을 존경하고 따르고 있는지, 친구들에게 어떤 친구로 여겨지는지 알지도 못하고, 또 알려는 노력도 하지 않았습니다. 이 얼마나 부끄러운 부모입니까? 제 아이가 하나님을 사랑하고, 사람들을 섬길 줄 아는 사랑스런 하나님의 자녀로 자라나기를 이제부터 꿈꾸어 봅니다.

33

하나님 아버지가
우리를 다스리시는 것처럼

저는 어린 시절을 부모님과 떨어져 할머니와 함께 지냈습니다. 제게 아낌없는 사랑과 관심을 쏟아 부어 주신 할머니는 저의 간절한 권유로 복음을 영접하셨고 믿음으로 사시다가 소천하셨습니다. 그 후에 어려운 생활이 조금 풀리고 여유로워지자, 고생만 하시고 돌아가신 할머니 생각에 남몰래 눈물로 베갯잇을 적시곤 하였습니다. 그래서 '할머니'란 세 글자는 제게 아련한 그리움과 애틋함을 던져 줍니다.

누구나 생각만 하면 가슴이 녹을 것 같은 대상이 있습니다. 애인일 수도 있고, 친구일 수도 있고, 부모일 수도 있습니다. 그런데 '아버지'라는 단어가 가슴에 사무쳐 오는 사람들은 많지 않을 것 같습니다. 아무래도 육신의 아버지가 남겨 준 마음의 상처가 깊어서 그렇지 않을까 조심스럽게 생각해 보았습니다.

아버지를 희랍어 성경에서 '파테르'$\pi\alpha\tau\acute{\eta}\rho$라고 부르고 아람어로는 '아바'$\acute{a}\beta\beta\acute{a}$라고 합니다. 이 단어는 우리말에서의 '아버님' 혹은 '부친'과 같은 높임말이 아니라, 가족끼리 친밀하게 부르는 '아빠'에 준하는 말입니다. 하나님 아버지와 우리 사이가 그렇게 친밀하고 가깝다는 것은 예수님께서 직접 가르쳐 주신 주기도문에 잘 나타나 있습니다.

"너희는 기도할 때 이렇게 하라. 하늘에 계신 우리 아빠!"

저는 '나를 기르시는 하나님'을 묵상하다가 한 가지 충격적인 사실을 깨달았습니다. 아버지이신 하나님께서 아들인 나를 다루시는 방법과 아버지인 제가 아들을 다루는 방법이 너무 다르다는 것이었습니다. 저는 아들에게 우리 하나님 아버지처럼 친밀하고 인격적인 '아빠'로서 다가가지 못했던 것입니다.

하나님께서 저를 기르시는 방법이 어떠했는지는 '아빠'라는 단어에 고스란히 녹아 있습니다. 때로는 온유한 성품으로 나를 어르셨고, 때로는 공의로우신 성품을 드러내심으로 잘못된 길에서 돌이키게도 하셨습니다. 하나님께서 어떠한 방법으로 나를 인도하셨건, 늘 변함없는 한 가지가 있었으니, 그분은 한번도 나의 아빠가 되신 것을 후회하거나 철회하지 않으셨다는 것입니다.

반면 내 아들을 대하는 저의 태도는 너무도 미성숙했습니다. 늦잠 자는 아이의 모습, 더 열심히 공부하지 않는 모습, 물건을 제자리에 정리하지 않는 모습, 모두 저의 눈살을 찌푸리게 하였습니다. 그런 아이를 보면서 먼저 드는 생각은 '어떻게 하면 저런 몹쓸 행동을 즉시로 시정하게 만들 수 있을까?' 하는 것이었습니다. 그래서 아이를 곧바로 꾸중하게 되었습니다. 이런 태도가 아이와의 관계에서 친밀함을 헤친다는 사실도 모른 채…….

 여린 화초를 기르듯이 자녀를 길러야 합니다. 당장은 싱싱하게 살아날 기미가 보이지 않더라도, 때마다 물을 주며 인내로 기다리는 것입니다. 아빠와 아들에게 둘의 건강한 관계보다 중요한 것은 없습니다. 하나님과 우리 사이에서 그 관계만큼 중요한 것이 없는 것처럼 말입니다. 내 아이가 내 아이라서, 우리 아빠가 우리 아빠라서 서로 행복을 느낀다면 자녀 양육에 있어 그 이상의 성공은 없을 것입니다. 자녀의 잘못을 시정한다는 이유로, 정말 중요한 가치를 버리는 미숙한 부모가 되지 않도록 조심하십시오. 여러분은 자녀의 교관이 아니라 '아빠' 입니다.

부·모·의·기·도

 하나님 아버지, 아들인 저는 하나님 아버지께 얼마나 부족한 자식인지 모릅니다. 아버지를 떠나 세상 유혹과 꼬임에 빠져 허무하게 흘려 보낸 세월이 얼마나 길었습니까? 그럼에도 지금껏 무한한 인내로, 포기하지 않으시는 사랑으로 저를 돌보아 주신 것을 떠올릴 때마다 가슴 벅찬 감격에 눈물만 흐를 뿐입니다. 아버지여, 아버지께 받은 사랑으로 제 아이를 사랑하게 하소서. 완벽하진 않더라도 인간적인 사랑이 아닌 하나님의 사랑으로 대하도록 힘쓰겠습니다.

34

세상을 다스리는 자로

하나님은 아담을 창조하시고 나서, "생육하고 번성하여 땅에 충만하라.", "선악을 알게 하는 나무의 실과를 먹지 말라."는 두 가지 명령을 주십니다. 전자를 노동 명령이라고 합니다. 왜냐하면 생육하고 번성하고 충만하고 땅을 다스리는 것은 노동을 하지 않고는 불가능한 것이기 때문입니다. 그래서 노동 명령 혹은 문화 명령이라고 말하고, 후자를 종교 명령이라고 분류합니다.

"선악을 알게 하는 나무의 실과를 따 먹지 말라."고 명하신 것은 인간이 처음 창조되었을 때에 하나님을 향해 가지고 있는 절대 의존의 관계를 유지하면서 사는지 하나님께서 확인하시기 위함이었습니다.

"땅을 정복하고 충만하라."는 말씀은 하나님께서 세상을 창조하시고 창조된 세계를 돌보시지만, 인간들을 통해서 당신이 창조해 놓으신 이 세상을 다스리시려는 하나님의 뜻이 들어 있는 명령입니다. 그분은 당신을 절대적으로 의존하며 순종하는 사람을 통해 이 세상이 다스려지는 것을 보시고자 하였고, 온 세상과 온 피조물에게서 그분의 영광이 넘치는 것을 기뻐하셨습니다.

어떤 이들은 아담이 선악과를 따 먹지 않았더라면 후손인 우리는 에덴 동산에서 기타나 치고 노래 부르며 놀았을 것이라고 말하기도 하는데 이것은 착각입니다. 아담이 범죄하지 않았을지라도 우리는 부지런히 노동을 했을 것입니다. 그 대신 오늘날 경험하는 것과 같은 노동의 고통이나 피곤은 없었을 것입니다. 행복하고 기꺼운 마음으로 노동을 하면서 살았을 것입니다.

이 세상에 존재하는 모든 것들은 다 하나님의 것입니다. 그러므로 엄밀히 말해 하나님을 믿고 하나님의 자녀가 되지 않은 사람들에게는 그것들을 누릴 권리가 없는 것입니다. 하나님의 자녀가 된다는 것은 하나님의 집안에 입적入籍되어 상속권을 받는 것입니다. 그리스도 예수의 구속의 공로를 힘입어 하나님의 자녀로서 상속을 받게 되는 것입니다. "자녀이면 또한 후사 곧 하나님의 후사요 그리스도와 함께 한 후사니"롬 8:17, "우리로 저의 은혜를 힘입어 의롭다 하심을 얻어 영생의 소망을 따라 후사가 되게 하려 하심이라"딛 3:7.

그런데 하나님을 믿지 않는 수많은 사람들이 하나님의 땅을 제각기 나누어 점거하고 자기 것이라고 주장하는 것입니다.

때가 되면 하나님의 것을 무단 점령하던 사람들은 최후를 맞이하게 될 것입니다. 그때에 하나님의 하나님 되심을 인정하고, 하나님의 창조주 되심을 고백하는 사람들끼리 모여서 새 하늘과 새 땅을 이루며 살게 하실 것입니다. 그날이 오기까지 우리는 손놓고 기다릴 수 없습니다. "이 땅을 정복하라."는 하나님의 명령을 따라 우리의 기업을 차지하고 그리스도의 지경을 넓히며 살아야 합니다.

이 명령은 우리 세대에서 끝날 사명이 아닙니다. 하나님께서 우리에게 귀한 자녀들을 허락하셨습니다. 그리고 그들과 함께 즐거워하고, 행복하게 살기를 원하십니다. 그러나 하나님께서 자녀를 주신 더 궁극적인 뜻은 그들이 하나님의 후사가 되어 세상을 다스리고 정복하는 자가 되는 것입니다. 여러분과 여러분의 자녀들은 이 땅에서 아기자기한 부모 자식의 관계를 맺으며 살기 위해서만 서로 만난 것이 아닙니다.

부모들이여! 그대들은 그대들의 자녀와 함께 하나님 나라의 기업을 물려받을 자로 하나님께서 부르신 하늘나라의 당당한 시민입니다.

부 · 모 · 의 · 기 · 도

하나님! 그리스도 예수의 공로를 입게 하시고 하나님 나라의 후사로 저희를 부르시니 감사합니다. 하늘과 이 땅의 주관자이신 하나님, 세상 자원을 더 많이 얻고 누리는 데 저희의 행복의 근원이 있지 않음을 깨닫게 하시니 참으로 감사드립니다. 하나님의 후사로서 이 땅을 정복하고 충만하게 다스리는 신자로 살도록 은혜 주시옵소서.

35

정복자의 정신을 갖게 하라

벌써 몇 년 전의 이야기지만, 한동안 제 자녀의 학업 문제는 제게 큰 고민거리였습니다. 성적이 형편없는 것은 아니었지만 제 성에는 차지 않는 점수였습니다. 아마 성적 때문에 아들 녀석이 받았던 스트레스보다 제가 받았던 스트레스가 더 컸을 것입니다.

그러던 중 아이를 위해 기도하다 깨닫게 된 바가 이것입니다.

'만일 아이가 공부를 잘 한다면? 좋은 대학에 가겠지? 그리고 직장에 취직해서 자기 앞가림은 할 것이고, 그만그만한 사람 만나서 결혼하고, 자식 낳고, 그러고 나면?'

저는 이 시점에서 생각도 말문도 막혔습니다. 제가 짜 놓은 아들 인생의 시간표에 하나님의 영광이 깃들 자리가 없었기 때문이었습니다. '아이의 학업에 대한 고민이 나와 아이와의 생명적 결탁을 위해 어떻게 기여하고 있는가?' 그 순간 저는 제가 세속적인 가치관으로 아이를 봐 왔음을 주님께 고백할 수밖에 없었습니다.

자녀에게 공부를 열심히 해야 하는 이유를 설명할 때, "공부해서 남 주느냐?"고 반문하는 부모들이 있습니다. 공부를 잘하면 자녀가 잘 먹고 잘 살 수 있다는 가치관이 박혀 있기 때문에 이런 말을 하는 것 같습니다.

하지만 좀 더 진지하게 생각해 봅시다. 하나님을 믿는 자녀들이 공부해야 하는 이유가 겨우 잘 먹고 잘 살기 위한 것이라면 하나님께서 인간을 창조하신 목적이 너무도 초라해지는 것이 아닐까요? 하나님의 자녀들은 공부하되, 그야말로 남 주기 위해서 하는 것입니다. 이 말은 남을 위해 공부한다는 뜻이 아닙니다. 하나님 나라의 백성들은 공부하고, 일하고, 재능을 발휘해서 정당한 방법으로 이 땅의 자원들을 정복해야 합니다. 하나님의 자녀들이 소유하지 않았더라면 하나님의 영광에 어긋난 방법으로 마구 낭비되었을 자원들을 정말 필요한 곳에 배치시켜, 이 땅의 부조리한 질서를 바로잡는 일에 헌신해야 하는 것입니다. 이것이 공부해서, 일해서, 재능을 발휘해서 남을 준다는 말의 참 뜻입니다.

이 세상에 있는 모든 것은 다 하나님의 것입니다. 이것이 참된 신자가 소유해야 할 정복자의 마음의 기초입니다. 그 사람은 돈을 많이 벌어도 그것 때문에 감정이 요동하거나 희희 낙락하지 않습니다. 마음대로 쓸 수 있는 돈이라고 생각하지 않기 때문입니다. 신앙이 신실한 사람은 재물을 많이 얻을수록 그것을 하나님이 기뻐하시는 일에 사용되도록 운

영합니다.

주변에서 사업을 하는 신자들을 보면, 사업이 클수록 정직하기가 힘들다고 고백합니다. 교회 안에서나 가정에서는 경건한 신앙 생활을 영위하다가도 회사에만 가면 이중 장부를 쓰고, 다시 주일 예배를 드리면서 회개하는 일들이 반복되기도 합니다. 최고 경영주가 어디에서나 신실한 신자가 되기로 목숨을 걸고 '정직'을 선포하고 살아간다면 어떻게 될까요? 그 밑에서 일그러진 인생을 살 수밖에 없었던 수많은 사람들이 하나님의 규칙을 따라서 살 수 있는 길이 열릴 것입니다. 이런 일들을 하라고 하나님께서 당신의 백성들을 부르신 것입니다.

이 임무도 마찬가지로 우리 세대에서 끝나지 않습니다. 우리의 자녀들도, 자녀들의 자녀들도 이런 정신으로 이 땅을 정복해야 합니다. 그들이 각 시기마다 주어진 일들, 공부면 공부, 직장일이면 직장일, 어느 분야에서든지 소명감을 갖고 최선을 다해 성실하게 임무를 다할 수 있도록 가르칩시다. 하나님의 자녀들이 갖추어야 할 정복자의 소양을 심어줍시다. 그래서 그들이 이렇게 고백할 수 있도록 북돋웁시다.

"하나님께서 그분의 뜻 가운데 나를 창조하셨고, 나는 현재 망가진 세상에 살고 있다. 내가 지금 공부를 열심히 하면 나에게 더 많은 기회가 주어질 테고, 그러면 내가 일그러진 세상을 고쳐서 더 많은 기업을 차지하게 될 것이다. 나는 그것을 위해서 공부한다. 그것을 위해서 직장을 다닌다. 사업을 한다."

부·모·의·기·도

하나님 아버지! 제 아이가 거룩한 소명감으로 불타기를 기도합니다. 하나님의 것을 불법한 자들이 많이 점령하고 있으면서도 마치 그것을 합법적인 것처럼 항변하는 이 세상을 바라보게 하소서. 하나님을 슬프시게 또 분노하시게 만드는 이 세상의 일그러진 곳을 회복하는 세상의 정복자로서 자신을 헌신하려는 열정으로 가득하게 하소서.

of the Kingdom of God

he Family as a Model

36

진실한 신자가 되어
자녀를 위해 기도하라

꿈의 사람 요셉은 아주 어린 나이에 감당하기 어려운 일을 만납니다. 형제들의 시샘을 받아 애굽의 노예로 끌려가게 된 것도 기가 막힐 일인데, 하나님과 사람들 앞에서 흠 없이 살았음에도 여러 번 오해를 받아 옥살이를 하기도 합니다. 요셉의 상황은 하나님께서 요셉에게 주신 꿈과는 점점 멀어져 가고 있는 것만 같았으나, 하나님께서는 사랑하는 요셉의 삶을 통해서 그분의 시간표대로 일을 묵묵히 진행해 오고 계셨습니다.

요셉이 애굽의 국무총리가 되어 형들을 만났을 때 했던 고백을 보십시오. "하나님이 큰 구원으로 당신들의 생명을 보존하고 당신들의 후손을 세상에 두시려고 나를 당신들 앞서 보내셨나니" 창 45:7. 상황은 점점 꼬여 가는 것 같았지만 요셉은 한 번도 하나님께서 주신 꿈과 사명을 잊은 적이 없었던 것입니다. 어떤 사람들은 하나님께서 좋은 것을 맡기시면 그것을 이용해 사람들에게 자신의 질서를 강요하고, 하나님께서 주신 것임에도 자신의 소유를 주장합니다.

하나님께서는 요셉에게 부귀 영화를 누리게 하셨으나 요셉은 그것을 이용해 형들에게 앙갚음을 하거나 그들을 자신 앞에 무릎 꿇게 하는 데 사용하지 않았습니다. 그가 하나님께 입은 은혜가 자신을 위한 일이 아니라 하나님의 더 크신 계획, 이스라엘 백성의 후손을 살리시고 구원하시려는 계획을 위한 것이라는 사실을 요셉은 늘 확인하며 산 것입니다. 이런 생각으로 사는 사람들은 하나님께서 많은 것을 맡기셔도 결코 그것 때문에 넘어지지 않습니다.

이 세상의 자원에 관한 변함없는 성경의 법칙이 있습니다. 하나님께서는 단번에 벼락이 떨어지듯 갑작스레 큰일을 맡기시지 않는다는 것입니다. 하나님께서는 먼저 시험해 보십니다. 적은 자원을 맡기시면서 어떻게 쓰는지 시험해 보십니다. 요셉이 단번에 애굽의 국무총리가 되지 않고, 작은 일부터 차근차근 맡아 일하며 더욱 하나님의 사람으로 빚어지는 과정을 거쳤듯이 말입니다. 하나님께서 우리에게 너무도 사랑스러운 자녀들을 맡겨 주셨습니다. 그런데 정작 부모라고 하는 사람이 "이 아이가 이 땅에 발 디디고 살아가려면 이 생존 경쟁에서 어떻게든 살아남아야 하는데……." 하는 궁리만 하고 있다면 그것은 너무 서글픈 일입니다. 어떻게 해야 자녀가 이 세상에 존재하는 동안 최선의 노력을 다해서 땅을 정복하고 확장하고 이 땅에 충만해질 수 있을까? 어떻게 하면 하나님께서 우리 아이에게 그 누구보다 많은 자원을 맡기고 싶어

하실까? 이것은 자녀를 하나님의 사람으로 키우기 위한 고민입니다.

여러분께 간곡히 말씀드립니다. 자녀의 영혼을 위해서 많이 기도하고 그들에게 이러한 사명감을 고취시키십시오.

'생각해 보아라. 이 세상은 원래 하나님 것이었는데 믿지 않는 저들이 하나님 것을 불법으로 빼앗은 것이다. 하나님께서는 우리 가족이 그것을 합법적으로 쟁취해서, 이 세상을 하나님의 세상으로 바꿔 놓도록 불러 주셨단다. 엄마 아빠는 아직 적은 분량밖에는 그 일을 이루지 못했어. 이제 엄마 아빠의 뒤를 이어 네가 그 일을 완수해야 한단다. 그런데 네가 지금처럼 신앙 생활을 게을리하고, 학교 공부도 안하고, 성품도 나아지는 점이 없다면 어떻게 하나님께서 주신 그 일을 맡아서 할 수 있겠니? 그러니까 진정한 하나님의 사람이 되어라. 그리고 부지런히 세상을 향해 큰 꿈을 꾸어라. 그 꿈을 이루기 위해서 우리 열심히 해보자. 엄마 아빠가 끝까지 응원해 줄게.'

부 · 모 · 의 · 기 · 도

하나님! 저희 부부의 바람은 아이가 세상의 명예와 권세를 두 손에 쥐고서 누리는 데 있지 않습니다. 하나님의 자녀답게, 하나님이 기뻐하시는 방법으로 세상에서 당당하고 영향력 있는 지위에 서기를 바랍니다. 잃어버린 바 된 하나님의 땅을 되찾는 정복자이자 개척자의 길로 행하게 하소서.

37

누구에게 양육의 책임이 있는가?
아비들아!

　유대인들은 교육에 있어서 아이들에게 지대한 영향을 끼치는 사람은 어머니라고 평가합니다. 그래서 아이의 아버지가 이방인이라도 어머니가 유대인이면 그 아이는 유대인으로 받아 줍니다. 후천적인 교육이 선천적인 핏줄보다 훨씬 더 무섭다고 하는 사실을 알고 있기 때문입니다. 그러나 교육의 책임은 결코 어머니 한 사람에게만 달려 있지 않습니다.

　그래서 성경은 자녀 양육의 책임을 부여하며, 아버지들을 부릅니다. "또 아비들아 너희 자녀를 노엽게 하지 말고 오직 주의 교양과 훈계로 양육하라"엡 6:4. 가정을 세워 가고, 자녀를 하나님의 말씀으로 올바르게 교육하는 궁극적인 책임을 아버지가 지고 있다는 것을 분명히 하고 있는 것입니다.

물론 오늘날과 같이 자녀가 아버지의 얼굴을 마주 대하기도 힘든 사회에서는, 아버지에게 교육의 책임을 묻는 일이 어불 성설 같습니다. 아버지가 밤늦게 퇴근하여 들어오면 아이는 잠들어 있고, 그래서 아이가 몇 학년 몇 반인지도 모르는 경우가 다반사이기 때문입니다. 그러나 이처럼 아버지들이 아이들을 세심하게 관찰하며 양육할 수 없는 형편의 현대 사회라 할지라도, 하나님께서 한 가정을 바르게 세워야 할 책임을 가장에게 물으시는 법칙은 변함없습니다.

　사실, 부모가 눈을 부릅뜨고 지켜 본다고 해서 아이들이 올바로 자라는 것은 아닙니다. 교육이라고 하는 것은 내면의 세계로부터 흘러 나오는 것이기 때문입니다. 부모로부터 흘러 나온 영향력이 자녀의 마음속으로 흘러 들어가게 될 때, 진정한 교육은 이루어집니다. 그리고 하나님께서는 이러한 교육의 모든 책임을 원칙적으로 가장들에게, 다시 말해 아버지들에게 맡겨 주셨습니다.

　따라서 바쁘다는 핑계로 가장의 책무를 외면하고, 아이들의 교육에 소홀하는 것은 매우 잘못된 일입니다. 성경은 가정을 바로 세우고 자녀를 올바르게 교육하는 것이 모두 아버지의 책임이라고 일침을 줍니다. 아버지가 독실한 신앙인이 되는 것이야말로 아름다운 신앙의 가정을 꾸리는 첩경이라는 것이 성경적인 가르침인 것입니다.

　하지만 애석하게도, 오늘날 아내에 의해서 억지로 끌려 나오는 신앙 생활이 대부분의 남성의 신앙을 대변하는 그림이 되었습니다. 어떤 가정에서는 부인이 남편보다 신앙적으로 우월하기 때문에, 아예 남편의 자리를 점유해 버리는 사태도 일어납니다. 그러나 이것은 결코 옳은 일이 아닙니다. 부인이 신앙적으로 더 성숙하다고 할지라도, 끊임없이 남편으로 하여금 가장의 주권을 행사하게 하고, 남편에게 남편 자신의 위치를 알려 주어 그가 가정의 원리들을 바르게 세우고 자녀를 바르게 교육하여야 할 영적인 책임과 부담을 지고 있다는 사실을 일깨워 주어야 합니다. 그렇게 함으로써, 남편으로 하여금 가정의 제도를 세우는 일들을 해 나갈 수 있도록 도와주는 것이 지혜로운 태도입니다.

부 · 모 · 의 · 기 · 도

주여! 아버지의 자리를, 어머니의 자리를 지키는 부모가 되게 하옵소서. 사업과 일상의 분주함 속에서도 하나님께서 맡겨 주신 아버지와 어머니로서의 사명에 충실할 수 있는 지혜와 자애를 주시옵소서. 남편이 어떠하든지, 아내가 어떠하든지 남편과 아내로서의 자리를 지키며 삶으로 아이들에게 가정의 질서를 가르칠 수 있는 지혜와 덕을 주시옵소서.

38

자녀를 향한 심각한 의무

부모들은 이 세상에 있는 아이들 중 특히, 자기 몸에서 태어난 아이를 향하여 특별한 의무를 지고 있습니다. 마치 자식 된 자들이, 이 세상의 모든 노인들이 아니라 자신을 낳아 준 부모를 향하여 특별한 의무를 지고 있듯, 부모 또한 자신의 몸에서 태어난 자녀들을 향해서 매우 특별한 의무를 지고 있는 것입니다.

이스라엘 백성의 신앙이 끊어질 듯 하면서도 그렇게 오랜 세월 동안 면면히 이어진 것은 탁월한 가정 교육의 덕택이었습니다. 부모를 통해서 아이들의 마음속에 철저히 신앙이 들어가도록 만들어 주었던 것입니다. 모세를 보십시오. 사십 세가 되어 세상에서 배울 만큼 배웠고, 최고 학부를 나왔고, 말과 행사가 다 능하여서 어디서든지 지도자의 행세를 할 수 있는 상황이 되었는데 민족과 함께 고난 받는 것을 애굽의 모든 보화보다도 즐겁게 여겼습니다. 어떻게 그러한 가치관을 가질 수 있었을까요? 바로, 유모로 들어왔던 어머니로부터 신앙적인 교육을 받았기 때문이었습니다.

하나님께서는 특별히 신앙이 그 부모를 통해서 자녀들에게 물려지도록 하셨습니다. 하나님께서 이렇게 하신 것은 신앙이 어떨 때 가장 깊이 심겨지는가 하는 것을 너무나 잘 아시기 때문입니다. 어린 시절 마음속에 무엇이 심겨졌느냐 하는 것은 그 무엇보다 중요한 문제입니다. 왜곡되고 잘못된 것들이 어린 시절 심겨지면 그것들이 삐뚤어진 상이 되어 영원히 아이의 인생의 시야를 좌우하지만, 어린 시절에 바른 신앙이 심겨지면 어떠한 고난이나 역경 속에서도 믿음을 잃지 않고 바르게 자라납니다. 그러므로 부모가 자녀에게 물려 줄 수 있는 가장 큰 유산은 눈에 보이는 것들이 아니라, 눈에 보이지 않는 신앙입니다.

그래서 저는 개인적으로 이렇게 생각합니다. 자식이 완전히 믿음에서 파산했다면, 그 부모의 인생은 세상에서 어떻게 살았든지 실패한 인생입니다. 자녀의 인생은 부모의 인생과 분리된 것이 아닙니다. 자녀가 장성해 결혼할 때까지 그 인생은 부모와 결탁되어 있습니다. 그래서 야곱이 베냐민을 요셉 있는 애굽으로 올려 보낼 때 유다가 말하기를 "우리 아버지와 이 아이는 생명이 결탁되었나이다."라고 합니다.

부모와 자식의 생명은 결탁된 것입니다. 자식만 바르게 잘 키워서 신앙을 가진 사람으로 만들어 놓아도 그 부모의 인생은 성공한 것입니다. 왜냐하면 신앙이 없이 하나님 앞에 실패한 삶을 살았던 그 부모 밑에서 신앙적으로 올바르게 자란 자녀가 나오는 것은 불가능하기 때문입니다. 그러니까 자식이 올바르게 자라면 부모로서는 일단 신앙에 있어서 실패한 것이 아닙니다.

그러나 하나님께서는 철저하게 아이를 위한 심각한 의무를 부모에게 부여했을 뿐만 아니라 절대적인 권리도 주셨습니다. 율법을 보면 부모에게 대항하고 부모를 치는 자는 죽여 버리라는 명령이 나옵니다. 하나님은 이렇게 부모가 자녀를 권세 있게 다스리고 치리할 수 있도록 만들어 주셨습니다. 그러나 자녀를 다스리기 위해서는 우선 자녀를 장악해야 합니다. 고매한 신앙의 인격이 없더라도 일단 어려서부터 부모에게 불순종하는 것이 하나님 앞에 얼마나 커다란 범죄인가 하는 것을 철저히 가르쳐야 합니다. 그래야지만 그 다음에 교육이 됩니다.

요즘 가장 커다란 위기는 부모가 자녀에 대해서 모든 권위를 잃어버린 것입니다. 벗어났으면 지금부터라도 손 안에 넣어야 합니다. 그리고 그 부모의 손 아래서 복종하는 아이로 만들어야 합니다.

부 · 모 · 의 · 기 · 도

주여! 제게 귀한 자녀를 허락하심을 감사드립니다. 부모로서의 소명을 깨닫고, 주께서 맡기신 이 자녀들에게 하늘의 사랑과 기쁨을 가르치기를 원하오니, 부모로서 마땅히 행할 바를 가르쳐 주시옵소서. 하나님이 누구이신지를, 그 사랑이 얼마나 크신지를 자녀에게 가르칠 수 있도록 도와주세요.

39

자녀 양육에 대한 소극적인 명령, 노엽게 하지 말라

그러면 구체적으로 우리는 어떻게 자녀를 양육해야 할까요? 자녀 양육에 대한 성경의 명령은 크게 두 가지로 나뉩니다. 바로, 노엽게 하지 말라는 소극적인 명령과 주의 교양과 훈계로 양육하라는 적극적인 명령입니다.

노엽게 하지 말라는 소극적인 명령은, 자칫 오해하면 아이들에게 무조건 잘해 주라는 의미로 들립니다. 그러나 이것은 결코 그런 의미가 아닙니다. 성경은 "아이들을 때리지 말라, 징계하지 말라, 야단치지 말라"고 말하지 않고, "노엽게 하지 말라"고 말하고 있습니다. 그러면 과연 어떤 때 아이들이 부모에 대해서 노여운 마음을 갖게 될까요?

첫째는 징계가 올바르지 못할 때입니다. 징계가 올바르지 못하다는 것은 잘못한 것이 없는데 징계를 가하는 것, 혹은 잘못한 것이 적은데 큰 징계를 가하는 것입니다. 자기가 잘못한 것은 사실이지만 징계의 정도가 자기가 잘못한 것을 이미 초과했다고 생각되어 속에서 반감이 생기는 것입니다.

따라서 징계를 할 때에는 벌을 줄 것인가, 용서할 것인가를 속히 결정을 내려, 용서하려면 잘 충고한 다음 용서해 주고, 징계를 하려면 그 잘못한 것에 비례하는 만큼 정당하게 징계를 해야 합니다. 잘못한 것보다 과하게 혼낼 때, 자녀의 마음속에서는 잘못한 것을 반성하는 태도까지 모두 다 사라집니다. 그리고 잘못한 것에 비해 쉽게 용서받을 때, 자녀의 마음에는 방종한 태도가 자리 잡습니다. 그러므로 부모는 잘못된 매는 사람을 더욱 방종하게 만들 수 있음을 깨닫고, 지혜롭게 징계하여야 합니다.

둘째는 부모 자신은 그렇게 하지 않으면서 자녀에게만 그것을 강요할 때입니다. 언행이 일치하지 않는 부모는 자녀를 바르게 훈육할 수 없습니다. 아무리 어려도, 아이는 속으로 다 생각하고 판단합니다. 당장은 매가 두려워 아무 말 없이 따를지 모르나, 초등학생만 되어도 이미 마음속으로 시시 비비를 가리고 도덕적인 판단을 합니다. 따라서 삶으로 모범을 보이는 부모가 아니라면, 몽둥이와 용돈으로 기계적인 복종은 받아낼 수 있을지 몰라도 부모를 닮고자 하는 인격적인 순복은 받아낼 수 없습니다.

셋째는 부모가 자녀에게 오랫동안 큰 고통을 주는 경우입니다. 즉 부모의 잘못된 성품이나 생활 습관, 혹은 잘못된 사상이 자녀들에게 지속적으로 고통이 될 때, 자녀의 마음에 부모를 향한 노여움이 솟아납니다. 이것은 부모가 하나님 앞에 책망받아야 할 영역입니다. 그가 잘못된 성품과 태도를 가졌기 때문이기도 하지만 자녀의 마음에 지워지지 않는 큰 상처를 입혔기 때문이기도 합니다.

사랑하는 여러분! 여러분의 가정을 돌아보십시오. 여러분의 가정은 이상적인 가정입니까? 여러분은 이상적인 부모입니까? 지금, 우리는 이상적인 가정을 찾기 너무나 힘든 시대를 살고 있습니다. 그러나 가정이 회복되지 않는 한 우리 자녀의 영혼도 진정한 회복을 누릴 수 없습니다.

따라서 아버지들을 향한, 하나님의 이 권고는 단순히 사랑의 명령이 아닙니다. 죽어 가는 우리 자녀의 영혼을 애끓는 마음으로 바라보시는 하나님의 절절한 마음인 것입니다.

부 · 모 · 의 · 기 · 도

겸허히 고백하건대, 제 가정에는 아직도 하늘나라의 아름다운 모습이 나타나고 있지 않습니다. 때때로, 자녀의 마음을 노엽게 하는 부모의 모습을 보일 때도 있습니다. 주여! 부디 제가 아버지 되신 하나님의 완전한 사랑을 더 깊이 깨달아, 하나님을 닮은 좋은 부모가 될 수 있도록 도와주시옵소서. 그래서 이 땅에 하나님 나라의 영광과 아름다움을 보여 주는 귀한 가정을 세우게 해주시옵소서.

40

자녀 양육에 대한 적극적인 명령, 주의 교양과 훈계로

자녀 양육을 위해 부모들에게 부과된 적극적인 명령은 "오직 주의 교양과 훈계로 양육하라"는 것입니다. 그런데 여기서 우리가 주의하여 볼 구절이 있습니다. 바로 교양과 교훈이되, 주의 교양과 교훈이라는 것입니다. 여기서 우리는 자녀들에게 올바른 신본주의적 기독교 사상을 심어 주는 것이 부모의 심각한 의무임을 다시 한번 깨닫게 됩니다. 아이를 성인이 될 때까지 먹이고 돌보는 것만이 부모의 할 일이 아니라, 그 아이가 잘못된 사상을 가지지 않도록 바른 세계관과 가치관을 가르치는 일도 부모가 마땅히 하여야 할 일인 것입니다.

성경이 말하는 주의 교양과 훈계를 굳이 구분하여 설명하자면, 주의 교양은 인간의 내면적인 성숙도이며, 주의 훈계는 객관적으로 드러난 신앙의 도라고 할 수 있을 것입니다. 따라서 주의 교양으로 양육한다는 것은 무엇이 그리스도인의 올바른 삶이고 하나님의 자녀 된 몸가짐인가 하는 것들을 실제의 삶 속에서 가르쳐 주는 것이며, 주의 훈계로 양육한다는 것은 객관적인 기독교의 진리를 아이의 가슴 속에 지워지지 않게 새겨 주는 것입니다. 이 일이 모두 가정에서 부모가 하여야 할 사명입니다. 그래서 신앙의 선배들이 "이 세상 최고의 신학교는 어머니 무릎이다."라고 말하는 것입니다.

하나님께서는 부모에게 그리스도인으로서 살아가는 삶의 덕과 그리스도인으로서의 내면적인 자질들을 자녀에게 함양시켜 줄 임무를 주셨습니다. 그러므로 여러분! 세상 부모들이 자기 자녀를 어떻게 교육하든지, 거기에 귀를 기울이지 말고 우리는 하나님의 백성을 양육하는 방식과 철학으로 자녀를 교육해 나가야 합니다. 그래서 우리가 떠나간 후 그 아이가 우리의 입장이 되어 살아가는 세상이, 하나님 보시기에 지금 이 세상보다 더 나은 세상이 될 수 있도록 힘써야 합니다.

아이가 영어 시험에서 몇 점을 받아 오는가 하는 것보다 더욱 중요한 것이, 아이가 바른 신앙을 소유하고 있느냐 하는 것입니다. 아이의 신앙 교육은 교회만의 책임이 아닙니다. 오히려 상당 부분이 가정의 책임입니다. 사랑하는 여러분! 무너진 교회 뒤편에는 반드시 무너진 가정의 신앙 교육이 있다는 사실을 아십니까? 아이들의 신앙 교육을 교회에만 맡기지 마십시오. 가정에서도 아이의 신앙 생활에 관심과 열의를 보여야 합니다.

부모 된 여러분! 아이가 교회에서 무엇인가 배우고 왔으면 "무엇을 배우고 왔니?" 하고 자상하게 물어 보십시오. 그래서 아이로 하여금 "우리 엄마 아빠는 나에게 하나님을 아는 지식이 하나하나 늘어 가는 것을 영어 단어 하나 더 배워 오는 것보다 훨씬 더 기뻐하시는구나." 하는 것을 인식하게 하십시오. 부모의 주된 관심사가 신앙이라는 것이 아이들의 마음속에 새겨질 때, 아이들도 신앙을 위해 열심을 내게 됩니다.

세상이 뭐라고 하든지 성경은 우리에게 분명히 말합니다. 올바르고 아름답게 자녀를 교육하는 것이, 돈을 벌고 이름을 떨치는 것보다 더더욱 중요한 이 세상에서의 우리의 사명이라고 말입니다. 그 양육의 사명이 우리의 주된 관심이 되도록 그 아이를 하나님 앞에 올바른 사람으로 키워 가는 데에 마음과 정성과 기도와 눈물을 쏟으십시오. 그것이 우리를 향한 하나님의 기대에 부응하며 사는 길입니다.

부·모·의·기·도

주여! 우리를 예수 믿게 하여 주신 것은 우리에게 이 심각하고도 거룩한 자녀 양육의 사명을 부과하시기 위한 일임을 제가 믿습니다. 이 심각한 의무를 충만한 사랑과 감사의 마음으로 감당할 수 있도록, 주여, 우리를 도와주시옵소서. 세상의 기준을 보며 안달복달하는 무지한 부모가 되게 마시고, 하나님의 기준을 보며 주의 교양과 훈계로 자녀를 양육하는 지혜로운 부모가 되게 하여 주옵소서. 그래서 우리의 아이들을 통해, 그리고 그 아이의 아이들을 통해, 주님이 더 큰 영광을 받으시옵소서.

PART 4
자녀들이여

룻이 가로되 나로 어머니를 떠나며 어머니를 따르지 말고 돌아가라 강권하지 마옵소서 어머니께서 가시는 곳에 나도 가고 어머니께서 유숙하시는 곳에서 나도 유숙하겠나이다 어머니의 백성이 나의 백성이 되고 어머니의 하나님이 나의 하나님이 되시리니 어머니께서 죽으시는 곳에서 나도 죽어 거기 장사될 것이라 만일 내가 죽는 일 외에 어머니와 떠나면 여호와께서 내게 벌을 내리시고 더 내리시기를 원하나이다 (룻 1:16-17)

네 부모를 즐겁게 하며 너 낳은 어미를 기쁘게 하라 (잠 23:25)

of the Kingdom of God

he Family as a Model

41

룻의 이야기

　룻기는 하나님을 믿지 않는 사람들도 고전적인 작품에 속하는 아름다운 이야기로 꼽습니다. 자녀들이 부모를 공경하는 향기로운 효행을 담고 있기 때문에 룻기를 통해서 받는 감격은 더 큽니다.

　룻기는 유다 베들레헴에서 모압 지방으로 이사를 온 한 가정의 이야기로 시작됩니다. 그 가정의 가장은 엘리멜렉이었고, 부인은 나오미, 두 아들은 말론과 기룐이었습니다. 그들이 살던 베들레헴에 큰 흉년이 들어 양식이 부족해지자, 그들은 요단강 건너 이방의 땅으로 잠시 망명의 길을 떠나온 것입니다. 그러나 그 길은 그렇게 순탄치 않았습니다. 양식을 찾아서 모압 지방으로 갔지만 거기 간 지 얼마 안 되어 남편이 숨을 거두었습니다. 이제 나오미에게는 두 아들이 희망이었습니다. 그 아들들은 이방인 모압 여인들과 결혼을 하였는데, 그 여인들의 이름은 각각

오르바와 룻이었습니다.

　그런데 십여 년의 세월이 지나는 동안 무슨 연고인지 의지하던 두 아들도 모두 숨을 거두었습니다. 그리고 이제는 세 명의 과부만 남게 되었습니다. 얼마나 기가 막힌 일입니까? 이제 나오미는 더 이상 모압 지방에 남아 있어야 할 필요를 느끼지 못했습니다. 상처뿐인 타향살이를 정리하려 하자 고향에 다시 풍년이 들었다는 소식이 들려 왔습니다. 그래서 나오미는 고향으로 돌아갈 준비를 했습니다. 나오미의 두 며느리도 함께 떠날 준비를 했습니다. 두 며느리 모두 모압 여인들이므로, 남편도 없이 아무 연고도 없는 베들레헴으로 가야 할 이유는 없었습니다. 그곳에 간들 무슨 기쁜 일이 기다리고 있겠습니까? 세 과부가 모여 사는 집안을 보면서 고향 사람들이 뭐라고 말할까요? "아들 둘 데리고 잘 살아보겠다고 저희들끼리 떠나더니 남편은 잡아먹고, 자식들 떠나 보내고, 이제 껍데기만 남은 며느리 둘 데리고 세 과부가 올라왔구나!" 하며 쑥덕거리지 않겠습니까? 더욱이 이 여인들은 이스라엘 족속이 아니라 이방 여인들이었으니 율법을 지키는 이스라엘 백성에게는 그것도 눈에 거슬리는 광경이었을 것입니다.

　이 모든 것을 생각한 나오미는 며느리 둘을 불러 놓고 친정으로 돌아가라고 말하였습니다. 당시에는 형이 죽으면 형수가 시동생의 아이를 낳아 집안의 대를 잇게 하는 제도가 있었습니다. 불행히도 나오미에게는 말론과 기룐 외에는 아들이 없었습니다.

　나오미는 이렇게 말합니다. "집안의 대를 이를 시동생도 없는데, 너희들이 왜 나를 쫓아오려 하느냐? 내가 시집을 가랴? 내가 이렇게 나이를 먹었는데 무슨 시집을 가겠으며, 또 오늘밤에라도 시집을 가서 잉태를 한다고 치자. 그 아이가 자라서 언제 너희의 남편이 될 수 있겠느냐? 그러니 혼자 타관 땅에서 고생하지 말고 너희는 너희 고향으로 돌아가라." 그러자 오르바는 눈물을 흘리다가 시어머니에게 입맞추고 자기의 고향으로 돌아갔습니다. 합리적인 선택을 한 여인이었습니다. 그러나 오늘 우리들이 살펴보고자 하는 이 룻은 기필코 떠나지 아니하고 며느리로서 시어머니를 붙들었습니다. 그녀의 애절한 간청을 보십시오.

"룻이 가로되 나로 어머니를 떠나며 어머니를 따르지 말고 돌아가라 강권하지 마옵소서 어머니께서 가시는 곳에 나도 가고 어머니께서 유숙하시는 곳에서 나도 유숙하겠나이다 어머니의 백성이 나의 백성이 되고 어머니의 하나님이 나의 하나님이 되시리니" 룻 1:16.

자·녀·의·기·도

룻의 어떤 모습이 하나님의 마음을 흡족하게 해드렸습니까? 다들 제 살길을 찾아 떠났건만 룻은 무엇 때문에 홀로된 어머니를 따라 나섰습니까? 룻이 어머니를 어떻게 공경했는지 말씀을 통해 자세하게 알아 가며, 네 부모를 공경하라는 하나님의 계명에 순종하는 자녀가 되게 하소서.

The Family as a Model

42

마음으로 공경하라

of the Kingdom of God

과부가 된 며느리 룻이 시어머니에게 간구하고 있습니다. "어머니가 어디를 가시든지 나도 갈 것이며, 어머니께서 유숙하시는 곳에 나도 유숙하리라." 이렇게 어머니에게 자기 결심을 표하고 있습니다. 룻의 간구는 우리에게 두 가지 중요한 사실을 보여 줍니다.

첫째는 자식의 부모 공경은 마음으로부터 우러나오는 사랑에서 시작된다는 것입니다. 하나님께서는 우리에게 부모를 공경하라는 계명을 주시면서 이것을 약속 있는 첫 계명이라고 말씀하셨습니다. "네 부모를 공경하라 그리하면 너의 하나님 나 여호와가 네게 준 땅에서 네 생명이 길리라" 출 20:12. 이것은 부모를 공경하면 이 세상에서 길이길이 살리라는 뜻이 아닙니다. 이 세상에서 부모를 공경하면 하나님께서 그 사람의 모든 범사에 복을 주시고 평안함과 축복 속에서 인생을 건강하게 살 수 있도록 배려해 주시겠다는 하나님의 약속입니다.

　주님은 왜, 다른 계명에는 약속하지 않은 이 놀라운 축복을 부모 공경의 계명에는 약속해 주셨을까요? 부모 공경이 창조의 질서이기 때문입니다. 그리고 부모를 공경함으로 말미암아 이 세상에 거룩한 하나님의 백성으로서의 영향력을 발휘하며 살 수 있기 때문입니다. 하나님을 공경하는 것이나 부모를 공경하는 것이나 그 공경의 본질에는 조금도 차이가 없습니다.

　하나님께서는 마음에 없는 예물을 드리는 것, 마음을 드림 없이 절기를 지키고 성전 뜰을 밟는 것에 대해서 심히 불쾌해 하시고 진노하셨습니다. 중요한 것은 마음을 드리는 것입니다. 사랑하는 마음을 드려서 인격적인 교제를 가꾸어 가고, 부모의 존재가, 자식의 존재가 한없는 위로가 되는 그런 삶이 마음을 주고받는 공경의 관계인 것입니다.

　하지만 얼마나 많은 자식들이 부모를 향해 마음을 닫고 사는지 모릅니다. 부모는 아예 자기와 얘기 상대도 되지 않고 마음을 나누는 교통의 관계가 성립될 수 없는 사람으로 못박아 놓고 사는 사람들이 얼마나 많은지 모릅니다. 더욱이 열심 있는 하나님의 자녀들 가운데 이렇게 부모와의 관계에서 완전히 파산해 버린 사람이 너무나 많다는 사실은 오늘날 교회의 아픔이기도 합니다. 물론 거기에는 제각기 깊은 사연이 있고, 남들이 쉽게 알 수 없는 그 가정만의 고통과 비밀이 있을 수 있습니다.

　하지만 우리는 얼마나 놀라운 사랑을 받았는지요! 그리스도께서 우리를 위하여 십자가에 못박히시어 자기의 몸을 속죄 제물로 주셨습니다. 그리고 하나님께서는 성령님의 역사로 2천 년 전에 일어난 그 일이 오늘을 사는 우리에게 믿어지도록 해주셨습니다. 하나님 앞에 나올 때마다 은혜를 경험하고, 하나님의 은혜 가운데 충만한 삶을 살았던 것은 무엇 때문입니까? 여러분이 하나님의 백성답게 살게 하시려고 남에게 주시지 않는 놀라운 은혜를 주신 것입니다. 시어머니를 따르겠다는 룻의 고백과 같이, 부모와 하나가 된다는 것은 자기가 죽지 않으면 불가능합니다. 그리스도와 연합된 삶을 살기 위해 부패한 자신이 깨뜨려져야 하는 아픔이 있듯이, 부모와 하나가 되기 위해서도 끊임없이 부모의 뜻을 거스르려는 부패한 자신을 깨뜨리는 일이 필요합니다.

여러분, 우리는 성경의 견해로 돌아가야 합니다. 부부가 부모를 떠나서 한 몸을 이루면 이 둘은 둘이 아니라 하나입니다. 한 몸이 되어 두 집안의 부모를 모시는 것입니다. 하나님 앞에 한 가정을 이룬 성인으로서 부모를 공경하고, 부모에게 자신의 사랑을 표현하며 사십시오. 주님의 분부를 따라, 택함을 받은 성도답게 살아야 하는 의무를 기억합시다.

여러분! 하나님 아버지는 완전하고 무결한 분이십니다. 그리고 여러분에게 선을 베푸시는 분입니다. 그런데도 하나님 아버지를 진심으로 사랑하기가 얼마나 힘든지 생각해 보십시오. 좋은 것밖에는 주신 것 없고, 우리를 향해서 어떤 악의도 없으신 분임에도 우리는 하나님을 온전히 사랑하지 못할 때가 많습니다. 하물며 결함이 많고 부족한 것이 많은 부모님을 사랑하는 것은 얼마나 힘들까요? 그럼에도 부모 공경의 계명을 우리 신자들에게 주신 분이 하나님이시라는 사실을 잊지 말아야 합니다. 하나님 앞에서 부모와의 관계를 의무감만으로 지속하지 않도록 주의합시다. 부모님께 마음을 열고 다가가 손을 잡아 드리십시오.

'내 젊은 날, 내 어린 날에 당신이 내게 준 상처가 오히려 나에게는 하나님의 사랑을 알게 하는 계기가 되었습니다. 본의는 아니지만 당신이 준 상처로 인해서 내가 하나님을 더 알게 되었고, 불변하시는 하나님의 사랑을 깨닫고, 순간순간 그리스도를 붙잡는 삶을 살게 되었으니, 당신의 허물은 나에게 은혜의 통로가 되었습니다.'

여러분의 부모님이 당신을 향해 온전하지 않은 것처럼, 우리 또한 우리의 자녀에게 온전하지 않습니다. 만일 우리가 신앙으로 우리 부모의 허물을 용서하고, 신앙으로 부모를 공경한다면 성경의 원리에 의해서 우리의 자녀들도 우리의 많은 허물을 용서하고 이해할 것입니다. 그리고 우리의 사랑스러운 자녀들은 우리의 허물에도 불구하고 하나님의 좋은 일꾼으로 자랄 것입니다.

자·녀·의·기·도

룻의 시어머니에 대한 공경심이 그리도 칭찬을 받는 이유가 바로 마음에서 우러나오는 공경이었기 때문임을 알았습니다. 삶이 바쁘다는 핑계로 부모님을 의무감으로만 공경하였던 것을 고백합니다. 언제나 그 자리에 그 모습 그대로 계실 부모님이 아닌데……. 주님! 룻의 진심 어린 공경을 보며 마음을 담아 부모님을 보필하겠습니다.

43

가정은 아름다운 교회입니다

우리는 부모를 공경함에 있어서도 예수님의 십자가 사랑을 보아야 합니다. 부모님이 우리의 공경을 받기에는 너무나 허물 많은 과거를 살아오셨다면 그렇기 때문에 더욱 우리는 그리스도의 십자가를 바라보아야 합니다. 주님의 놀라우신 은혜로 나 같은 죄인을 살리시고, 온갖 죄로 얼룩진 우리의 인생을 그분의 피로 씻어 내어 우리를 주의 백성 삼으시고 우리를 새 사람으로 만드셨습니다. 새 옷과 새 신발을 신기시고, 하나님의 나라를 유업으로 받는 표인 가락지를 끼워 주셔서 우리를 당신의 자녀로 받아 주신 하나님의 사랑이 우리에게 있지 않습니까?

우리는 이런 하나님의 참 사랑을 알았기에 비록 우리의 인격이 일천하며 우리의 마음의 밑바닥에 더러움밖에는 남은 것이 없어도, 주님이 우리를 위해 십자가에서 못박혀 죽으심으로 우리의 죄 값을 담당하시고 우리를 향해 순전한 사랑을 주셨기에 우리가 이렇듯 이 땅에서 숨쉬며 살아 있지 않습니까? 그 사랑은 우리의 힘으로는 용서할 수 없는 사람들을 용서하여, 깨어져서 도저히 하나 될 수 없는 관계들을 치료하면서 살도록 하나님이 우리에게 주신 사랑입니다. 그러므로 용서받은 죄인인 우리는 용서할 수 없었던 사람을 용서하고, 받아들일 수 없었던 사람을 받아들일 수 있게 되었습니다.

가정은 하나의 아름다운 교회입니다. 주님은 두 교회를 세우셨는데 하나는 가정 교회이고, 또 하나는 하나님의 백성들이 모인 교회입니다. 그런데 주님께서 맡겨 주신 가정 교회가 모두 깨뜨려진다면 어떻게 하나님의 교회가 온전해질 수 있겠습니까? 약속 있는 계명으로 주신 이 첫 번째 계명을 우리가 온전히 순종하며 마음의 구김이 없는 삶을 살지 못하면서 어떻게 우리가 우리의 영적인 삶 속에서 자유를 얻을 수 있겠습니까?

여러분, 참된 사랑은 후회하지 않는 것입니다. 우리네 인생이 이 세상에서 그렇게 타락하고, 하나님을 믿는 백성들이 복음의 빛을 잃어버리고 살아가도, 하나님께서는 예수님을 이 세상에 보내셔서 못박은 일을 후회하신 일이 없습니다.

솔로몬은 이렇게 고백합니다. "내 아들아 네 마음을 내게 주며 네 눈으로 내 길을 즐거워할지어다" 잠 23:26. 모든 부귀 영화를 누렸던 솔로몬이 아들에게 받고 싶었던 것은 그 무엇보다 마음이었습니다. 자식이 부모에게 바치는 진정한 마음이 있으면 그것이 부모에게는 한없는 힘과

능력의 원천이 되는 것입니다. 부모님이 계시기 때문에 행복하고 기쁘다는 사실을 공경하는 삶을 통해서 보여 주어야 하는 것입니다.

　누군가가 우리를 인정해 주고 우리가 그 자리에 있는 것을 행복해 한다는 사실은 우리에게 무한한 힘이 됩니다. 여러분, 부모님이 이 세상에 살아 계실 때 가장 행복하게 해드리는 비결은 "부모님이 제 곁에 살아 계신다는 것만으로도 저는 너무나 행복합니다."라는 고백입니다.

　여러분, 우리의 가정은 이러한 의미에서 깊은 치유가 필요합니다. 우리는 그렇게 마음을 다해서 서로 깊이 섬기고 깊이 사랑하며 마음에서 우러나오는 인격적인 교제와 가족간의 연합이 이루어질 수 있도록 포기하지 말고 하나님 앞에 매달려 기도해야 합니다. 그래서 부모님으로부터 "내 인생에 너희들이 있어서 얼마나 큰 위로가 되었고 행복했는지 모른단다. 고맙다."라는 마지막 고백을 들을 수 있다면 하나님이 여러분을 보실 때 얼마나 귀하고 아름답게 여기실까요?

자 · 녀 · 의 · 기 · 도

가정의 연합은 세상이 말하는 부모 공경의 도리를 따르는 것으로 이루어지는 것이 아님을 알았습니다. 우리 가족 모두가 그리스도의 십자가 앞에 나아와 정결한 마음을 얻고, 말씀으로 깊이 치유받기를 원합니다. 가정 안에서 용서하지 못하는 마음이나 분내는 마음을 버리고 싶습니다. 그래서 영의 부모인 하나님을 사랑함에 앞서 눈에 보이는 육신의 부모님을 먼저 공경하게 하옵소서.

44

치유된 마음에 깃드는 공경

우리는 룻의 마음이 부모와 완전히 하나 되었던 것을 살펴보았습니다. 그렇다면 룻이 나오미를 그토록 공경하게 된 이유는 무엇일까요?

나오미는 낯선 타향에서 사랑하는 피붙이들을 모두 잃고 고향으로 돌아와야 하는 신세가 되었습니다. 나오미는 자신의 인생에 대해서 스스로 해석하고 있습니다. '이것은 하나님께서 나를 괴롭게 하시는 것이다.' 하나님을 바르게 믿지 못했기 때문에 이러한 큰 불행을 당하게 되었다는 사실을 스스로 토로하고 있는 것입니다.

룻이 어머니인 나오미를 이처럼 죽기까지 따라가려고 하는 것은 나오미가 인격적으로 훌륭하고 삶에 있어서 룻에게 커다란 감화를 끼쳤기 때문만은 아닙니다.

부모가 자식에게 포악한 성품이나 가정을 돌보지 않는 무책임 등으로 씻을 수 없는 깊은 상처를 남겨 주었다면, 자녀의 마음에는 부모를 향한 미움이 자리 잡게 될 것입니다. 자녀들은 이런 상처를 받게 되면 부모가 아무리 잘해 준다고 하여도 쉽게 마음을 열지 않습니다.

부모에게 상처를 받았다고 하여 마음에 원한이 맺혀 살아가는 자녀들에게는 그 상처로 인한 고통 자체가 부모를 공경하지 못하는 삶에 대한 하나님의 징벌이요 저주가 됩니다. 만약에 그것을 누군가가 끊고 거기로부터 벗어나지 아니하면 그것은 계속 대를 물려 가면서 가정에 깊은 고통과 아픔을 가져다 줄 것입니다. 아버지를 미워하던 아들이 아버지의 모습을 그대로 되풀이하고, 어머니를 멸시하던 딸이 자신의 딸에게서 멸시를 받는 등의 경우를 우리는 자주 목격하지 않습니까?

그러므로 여러분, 의무감만으로는 사랑할 수 없습니다. 문제는 의무감이 아니라 고쳐져야 할 것들이 고쳐지고, 치료되어야 할 부분들이 치료되어서 영혼 깊은 밑바닥에서부터 부모를 향한 공경의 마음이 솟아오를 수 있는 관계가 되어야 하는 것입니다. 이 세상에 있는 것들로는 도저히 끊을 수 없고 고칠 수 없기 때문에 고통과 아픔을 유업으로 물려받고 살아갈 수밖에 없는 사람들을 새로운 사람, 새로운 관계로 만드시기 위해서 하나님이 우리를 예수 믿는 사람으로 삼아 주신 것입니다.

여러분에게 가족과의 문제가 있다면, 하나님의 뜻을 깊이 깨닫고 여러분들의 그 고통이 변하여 참 기쁨이 되고 병든 가족들과의 관계를 치유하는 그런 하나님의 도구가 되시기를 진심으로 기도합니다.

자·녀·의·기·도

마음으로는 부모를 공경하는 것이 마땅한 것임을 알면서도 제 마음속에 남아 있는 부모님에 대한 노여운 마음이 부모님을 향한 공경의 마음을 가로막았습니다. 부모님에 대한 부적절한 마음의 상처를 치유해 주소서. 그래서 공경의 마음이 우러나올 수 있는 마음 밭을 일구기를 간절히 소망합니다.

The Family as a Model

45

하나님을 알지 못했기에

of the Kingdom of God

　　하나님께서는 시내 산에서 이스라엘 백성들에게 십계명을 주셨습니다. "네 부모를 공경하라."는 말씀을 들었을 때 그들은 '공경'의 의미를 매우 잘 알고 있었습니다. '공경'이라는 단어는 "하나님을 공경하라."고 할 때 사용되는 '공경'과 같은 단어이기 때문입니다. 그것은 단지 형식적인 공경이 아니라 마음으로부터 우러나오는 애정이 있는 공경함입니다. 모세의 율법 가운데 부모를 때리거나 치는 자를 향한 저주가 기록된 것을 볼 때, 이스라엘 백성들 가운데서도 부모를 죽이거나 부모에게 폭행을 하는 패륜아들이 있었음을 알 수 있습니다. 예나 지금이나 이런 패륜들은 끊이지 않고 있는 것 같습니다. 하나님께서는 패륜과 상처를 갖고 있는 공동체를 향해 "너희는 부모를 공경하라."고 말씀하십니다. 그리고 약속도 주셨습니다. "그리하면 이 땅에서 너희의 생명이 길리라." 많은 사람들이 부모로 말미암아 상처와 고통을 받고 있음에도 하나님께서는 그들에게, 부모를 공경하라고 명령하셨습니다. 이스라엘 백성들로서는 오히려 내 앞에 다른 신을 두지 말라는 계명보다, 우상을 섬기지 말라는 계명보다 더 받아들이기 어려운 계명이었을 것입니다. 그랬기 때문에 주님이 부모 공경의 계명 위에 약속을 더하신 것이 아닐까 생각합니다.

여러분, 우리의 부모들은 왜 우리에게 존경받지 못하는 삶을 살았을까요? 그 이유는 오직 하나입니다. 하나님께서 어떤 분이신지 몰랐기 때문입니다. 신앙 생활을 하지 않는 부모는 하나님을 만나 뵌 적이 한 번도 없습니다. 신앙 생활을 하고 계신다고 하더라도, 어떤 부모님은 하나님을 아는 지식에서 자라 가지 못했을 수도 있습니다.

자신이 하나님 없이 사는 인생을 택했기에 그런 식의 인생을 살아 오신 것입니다. 하나님을 아는 깊은 은혜 속으로 들어가서 하나님의 사랑에 대해 깊이 감화받고, 날마다 십자가의 사랑에 푹 젖어 살았다면 어떻게 그런 인생을 살 수 있었겠습니까?

그분들과 여러분 사이에 차이가 있다면 단지 그분들은 하나님을 몰랐고, 여러분은 지금 그분들의 나이가 되기 전에 하나님의 참 사랑을 알았다는 것입니다. 그리고 여러분이 하나님을 아는 사람이 된 것은 여러분의 공로 때문이 아니요, 오직 하나님의 은혜 때문임을 잊지 마십시오.

여러분, 우리도 만약에 하나님의 참 사랑을 모르고 그 은혜를 깨닫지 못했다면 우리에게 상처를 준 부모보다 배나 더 악독한 사람이 되어서 우리의 가정을 짓밟고, 우리의 가정에 더 많은 상처와 고통을 남겨 주었을 것입니다. 우리 모두는 예수 그리스도가 아니면 소망 없는 죄인일 뿐이라는 사실을 하나님 앞에서 깊이 인정해야 합니다. 그러기에 우리는 하나님을 몰랐기 때문에 존경받는 삶을 살 수 없었던 부모님을 불쌍히 여기며 용납하는 사람들이 되어야 하는 것입니다. 물론 마음속에 있는 원망과 상처를 한꺼번에 정리하는 것은 쉬운 일이 아닙니다. 하지만 하나님 앞에 성의를 보입시다. 그리고 여러분이 하나님을 몰랐다면 어떤 모습이었을까를 자꾸 떠올리며 부모님을 이해하도록 노력합시다.

여러분은 자신의 의지와는 상관없이 부모로부터 상처를 유업으로 물려받았습니다. 그래서 부모를 공경하라는 계명을 들으면서도 진정 부모와 화해할 수 없는 감정적인 앙금이 남아 있게 된 것입니다. 그 앙금은 여러분의 세대에서 그치지 않을지도 모릅니다. 그 문제를 적절히 처리하고 그 관계를 치유하지 않으면, 반드시 그 고통과 상처는 아무 죄도 없는 여러분의 후손에게 되물림됩니다. 한 사람이 하나님을 버리고 살았던 죄의 대가가 철저하게 그 후손들에게 유업으로 물려지는 것입니다.

자·녀·의·기·도

제가 만일 하나님을 몰랐더라면 어떤 모습이었을까요? 지금도 고쳐지지 않은 제 부족한 모습 때문에 괴로울 때가 많은데, 하나님을 믿고 변화되지 않았더라면 지금

보다 훨씬 모나 있었을 텐데……. 그러니 오랜 세월을 하나님을 모른 채 살아오신 저희 부모님은 어떻겠습니까? 존경할 수 없게 만드는 부모님의 모습만 보지 말고 예수 그리스도를 알고도 여전히 부족한 제 자신을 보겠습니다. 그래서 부모님을 깊이 이해하길 원합니다. 부모님은 부모님이라는 이유만으로 충분히 존경받으셔야 할 존재임을 잊지 말고, 주님의 명령을 따라 그분들을 공경하게 도와주옵소서.

46

내 부모는 나를 버렸으나

부모에게 효도하지 못하는 중요한 이유 중의 하나가 허물이 많은 부모를 보면서 효도하려 하기 때문입니다. 부모를 보고는 절대, 성경이 말하는 부모를 공경하라는 계명을 지킬 수 없습니다.

누군가 하나님을 향하여 이렇게 말할 수 있을 것입니다.

"하나님, 저는 어린 시절부터 이제까지 부모로 인해서 고통을 받고 철저히 소외된 삶을 살아왔습니다. 하나님은 아시지요?"

이러한 고백을 가슴에 품고 사는 자녀는 오랜 세월, 아픈 상처를 담아둔 사람들일 것입니다. 그 고백은 실로 진실합니다. 그러나 아무리 진실한 고백이라도 하나님께서는 이렇게 말씀하실 것입니다.

"너는 나를 경외하지 않는 부모를 통해서 많은 고통과 아픔을 당하였지만 나 하나님 너의 아버지가 너와 함께 하지 않았느냐."

일평생 상처와 함께 살아온 믿음의 사람 다윗의 고백이 그러했습니다. "내 부모는 나를 버렸으나 여호와는 나를 영접하시리이다"시 27:10. 그는 사랑을 받아야 할 사람들로부터 소외를 당하거나 혹은 말할 수 없는 미움을 받았고 심지어 생명의 위협을 받기도 하였습니다. 그는 아버지의 주목을 받지 못하는 자였고, 어머니의 사랑이 낯설게 느껴지기만 하는 자였습니다. 유년 시절에서 노년에 이르기까지의 경험들이 그의 가슴에 고스란히 상처로 남게 되었습니다. 그러나 그는 상처를 능가하는 하나님의 은혜를 경험했습니다. 아버지와 어머니에게서 사랑의 결핍을 느끼고, 원수의 압제로 인해 죽음의 위협을 받는 중에도 하나님께서 다윗과 함께 하시는 것을 체험한 것입니다. 그 은혜 안에서 그는 더 이상 초라하지도, 불행하지도 않았습니다.

어린 시절에는 부모의 사랑이 필요하고, 장성해서는 남편과 아내의 사랑이 필요하며, 노년에 접어들어서는 자녀들의 관심과 사랑이 필요합니다. 그러나 이것은 하나님을 모르던 시절에 절대적으로 필요한 사랑이지, 지금은 모두 상대적인 사랑으로 변했습니다. 부모의 참 사랑이 없고, 부모에게서 사랑 대신 상처를 받았다고 하더라도 하나님의 사랑 외에는 모두 상대적인 것이기에, 주님 안에서 부모님을 용서하고 사랑할 수 있습니다. 하나님의 참사랑에는 이처럼 인간의 사랑을 하찮게 만들어 버리는 위대하고 놀라운 힘이 있습니다.

그러므로 주님이 우리에게 "네 부모를 공경하라."고 말씀하실 때에 무엇을 바라보기 원하셨는지를 우리는 알 수 있습니다. 그것은 허물이 많아서 도덕적으로 타락하기도 하며, 자녀에게 상처를 주기도 하고, 때로는 무능하여서 자녀를 힘들게 하는 부모를 바라보며 동정심에서 부모를 공경하라는 뜻이 아닙니다. 우리를 향해 베푸신 하나님의 절대적인 사랑을 바라보며 아가페의 사랑으로 부모를 공경하도록 부르고 계신 것입니다.

우리가 하나님의 품에서, 우리의 부모는 완전하지 않았지만 완전하신 하나님을 만났고, 진정한 하나님의 사랑이 무엇이고 진정한 부모의 사랑이 무엇인가 하는 것을 맛보았습니다. 주님은 우리의 이런 모든 과거와 우리가 받은 은혜를 다 기억하고 계시기에, 우리의 상처를 알고 계시면서도 우리에게 네 부모를 공경하라고 말씀하시는 것입니다.

하나님은 우리의 영혼이 핍절할 때에 우리의 영혼을 만족시킬 수 있는 진리의 말씀을 주셨고, 상실과 고독 속에서 몸부림칠 때 우리의 피난처가 되어 주셨습니다. 완전한 사랑이 그분의 품안에 있었기 때문에 우리는 비로소 그 사랑 안에서 하나님의 성품을 배우고, 그 사랑 안에서 하나님의 참 인자하심을 터득하게 되었습니다. 우리의 아버지, 어머니를 통해서 우리에게 흘려 보내시고 싶으신 사랑도 하나님 안에 있는 사랑입니다.

우리의 부모는 그런 사랑의 통로로 잘 사용되지 못했을지도 모릅니다. 그러나 우리 모두의 아버지 하나님께서는 우리로 하여금 교회 안에서 어머니의 품과 같이 포근한 사랑을 느끼게 해주셨습니다. 이제는 우리들이 그 사랑으로, 우리에게 상처를 주었던 부모들을 용서하고 영혼 깊은 곳에서 우리의 부모를 향해 화해의 악수를 청해야 합니다. 이것이 모든 사랑 위에 가장 위대한 하나님의 사랑을 받은 사람들의 몫인 것입니다.

자·녀·의·기·도

주님의 사랑이면 충분합니다. 주님의 보살핌이면 충분합니다. 그렇게 넘치는 사랑을 받았으니 부모님으로부터 받은 상처쯤은 넉넉히 끌어안을 수 있습니다. 놀라운 하나님의 사랑을 받은 제가 용서하지 못할 사람이 어디 있겠습니까? 그 대상이 부모님일지라도 주님의 사랑으로 인해, 주님의 보살핌으로 인해 충분히 용서할 수 있습니다.

47

상처를 이정표 삼아

성숙한 신자인 동시에 성숙한 자녀로서 살아가기 위해 우리는 두 가지 사실을 배워야 합니다. 한 가지는 그런 상처를 줄 수밖에 없었던 과거의 부모들에 대한 깊은 연민을, 다른 한 가지는 상처와 고통을 징검다리 삼아서 우리를 하나님의 품으로 인도하시는 하나님의 지혜를 배워야 할 것입니다.

여러분, 우리가 우리의 자녀에게 축복을 물려 주고, 우리의 신앙과 아름다운 믿음을 물려 주지는 못할지언정, 자녀에게 상처와 고통을 안겨 주고, 저주를 유업으로 남겨 주는 부모는 되지 말아야 하지 않습니까? 그렇지 않다면 세상의 부모들과 다를 바가 무엇이겠습니까?

우리의 상처는 하나님의 뜻을 따라 사는 인생길에 이정표가 될 수 있습니다. 물론 부모에게 상처 받지 않았다면 더할 나위 없이 좋았겠지만,

우리는 그 고통 가운데서 그리스도를 의지하고 하늘나라를 더욱 소망하는 신앙을 소유할 수 있었습니다. 하나님께서 여러분의 가슴에 심어 주신 그 놀라운 신앙의 기쁨, 그 은밀하고 거룩한 교제의 기쁨들을 여러분들은 어디에 사용하시려 합니까?

어쩌면 부족한 부모님이 계신 가정이 여러분에게는 사명의 자리일는지 모릅니다. 하나님께서 먼저 화해의 손을 내미셨듯이 먼저 은혜 받은 여러분이 부모님보다 앞서 화해의 손을 내밀어 보십시오. 아무리 허물이 많다고 하여도 부모님은 부모님입니다. 그래서 하나님께서는 아무런 토도 달지 아니하시고, 딱 잘라 "네 부모를 공경하라."고 선언하신 것입니다. 우리는 과거에 어떠한 사연이 있든지 이제 하나님의 더 큰 사랑을 보고, 화해하지 못한 과거와 화해하고, 부모에게 진심으로 마음을 줄 수 있는 자녀들이 되어야 합니다. 이것이 부모가 사는 길이고, 여러분들이 사는 길이고, 여러분들의 자녀들이 사는 길입니다.

자·녀·의·기·도

평범하고 화목한 가정 안에서 서로 상처 주는 일도, 받는 일도 없었다면 얼마나 좋았을까요? 그런데 알 수 없는 하나님의 경륜 속에서 가정 안에서 상처를 받게 되었습니다. 하나님께서 주신 것은 모두 선한 것이기에, 저는 이 상처가 제 삶을 선한 길로 인도하는 이정표라고 생각하기로 하였습니다. 그 이정표를 따라간 그 곳에서 나를 향하신 하나님의 선하신 뜻이 성취되는 것을 보기 원합니다.

48

실제적 공경,
물질에 대한 이기심을 버리고

룻은 왜 나오미와 함께 가기를 그렇게 간청했을까요? "어머니께서 유숙하시는 곳에 나도 유숙할 것이며 어머니께서 머무시는 곳에 나도 머물겠나이다"룻 1:16. 룻기를 보면 나오미가 떠나라고 해도 떠나지 않는 두 며느리에게 "내가 당장 시집을 간다고 하여도 너희의 남편을 대신할 시동생을 낳아 줄 수도 없지 않느냐."고 말합니다.

나오미는 나이가 많아 재가할 수도 없었기에 과부된 며느리가 굳이 시어머니와 먼 길을 떠날 까닭이 없었습니다. 그럼에도 룻이 나오미와 동행하겠다는 고백을 한 것은 이러한 의미를 담고 있습니다.

"어머니, 그 연세에 그 먼 길을 어떻게 혼자 가시렵니까? 품을 팔아도 내가 팔고 돈을 벌어도 내가 벌어서 어머님을 봉양하겠나이다."

실제로 룻기를 보면 룻이 나오미를 봉양하는 장면이 나옵니다. 우리가 여기서 배울 점이 하나 있습니다. 그것은 부모와 마음으로 화해하고 진심으로 용서할 뿐 아니라 물질로 섬기는 사람이 되어야 한다는 것입니다.

이제 막 가정을 꾸린 젊은 청년들이 좋은 집을 얻거나, 윤택한 생활을 누리고자 발버둥이치는 모습을 보면 참 안타깝습니다. 돈에 매여 두 집안의 부모님을 돌아보거나 잠시 숨을 돌릴 겨를도 없이 일에 붙잡혀 사는 것입니다. 마치 인생의 목표가 그것인양 안간힘을 쓰며 살아갑니다. 사람의 계획대로 인생이 진행되어질리 만무한데 말입니다.

우리는 하나님께로부터 특별한 사랑을 입고, 하나님의 그 깊은 사랑과 은혜 때문에 이렇게 살아서 숨쉬는 사람입니다. 우리의 즐거움은 이 세상에서 많은 재물을 모으거나 더 나은 미래를 위해서 무엇을 투자할 지 궁리하는 데 있는 것이 아닙니다. 단 일 년을 살아도 하나님 앞에서 사람답게 살다가 가는 것이 우리 인생의 진정한 보람이 아니겠습니까?

하나님 앞에서 부모님의 생애를 생각해 보시기 바랍니다. 그분들의 생애는 사랑하는 자녀들을 위해서 자기의 누릴 것을 끊임없이 포기하면서 살아오신 생애입니다. 자녀들 때문에 입을 것도 못 입고 먹을 것도 스스로 절제하는 그런 삶을 살아온 부모님입니다. 특별히 오늘날 우리 세대의 부모들은 국가적으로 궁핍하기 짝이 없던 시기에 자녀들을 양육하였습니다. 정말 핍절한 가운데서 끼니를 굶으시면서까지 자녀들이 바르게 자라도록 교육시키고 여건을 마련해 주기 위해서 자신들의 안락한 삶을 포기하고 모든 생활의 편의를 저버린 분들입니다. 자기는 굶

주려 죽으면서도 그렇게 자식들이 핍절하는 것을 보지 못해서 자녀들을 위해서 물질적으로 헌신하고 희생하면서 살아온 것이 부모들의 생애입니다.

그런데 자식 된 우리들은 부모를 위해서 얼마나 물질적으로 희생하고 있습니까? 이런 저런 핑계를 대면서 도무지 물질로 섬기지 않는 삶을 살아가고 있지 않습니까? 이것은 단지 옳고 그름의 문제가 아니라 하나님 보시기에 패역한 모습입니다. 그러면서 자신의 자녀들을 위해서는 과도하게 물질을 사용합니다. 이것 또한 심각한 죄악입니다.

우리는 물질이 생길 때마다 솟아오르는 이기심을 버리고, 그 재물이 하나님과 부모님, 그리고 우리의 이웃들을 섬기게 하려고 하나님께서 맡겨 주신 재물이라는 사실을 기억해야 합니다. 제가 단호히 말하건대 그리스도인들이 많은 돈을 쥐고 사는 것은 하나님 앞에 옳은 일이 아닙니다. 많으면 많은 대로 부지런히 나누어 주면서 보람 있는 일들을 위해서 하나님의 영광이 드러나도록 사용하여야 합니다.

그리고 우리는 부모와의 관계에 있어서도 이러한 정신을 유지하는 자녀들이 되어야 하는 것입니다. 더욱이 부모가 결핍 가운데 있는 것을 보고도 도와주지 않는 것은 믿음을 배반한 자요 믿음에서 파산한 자와 다르지 않습니다. 자기의 가족을 돌아보지 않는 자는 불신자보다 더 악한 자라고 성경이 우리에게 말하고 있지 않습니까? 보이는 부모를 사랑하고 공경할 수 없는 사람이 어떻게 보이지 않는 하나님을 공경하고 사랑할 수 있겠습니까?

여러분의 씀씀이를 줄일 수 있는 만큼 줄여서 부모를 위해서 다소간의 고통을 감내할 수 있는 사람들이 되십시오. 우리의 부모는 일평생 그분들의 방법대로 힘써 우리를 위해 헌신하셨습니다. 그분들의 남은 수명이 얼마나 되겠습니까? 마음이 가는 곳에 우리의 자원도 흘러 가게 되어 있습니다. 부모님을 마음으로 공경하고 있다고 자부하십니까? 그렇다면 여러분의 자원이 부모님을 향해 얼마나 흘러 가고 있습니까?

자 · 녀 · 의 · 기 · 도

친구들과 교제하면서 쓰는 돈은 전혀 아까워하지 않으면서 부모님을 위한 일에는 인색하기만 하였던 것을 고백합니다. 부모님의 헌신적인 자녀 사랑을 당연한 것으로 여겼기에 이렇게 부모님을 향하여 소홀하게 하였던 것 같습니다. 부모님의 사랑도 이렇게 당연히 여기니, 보이지 않는 영의 부모인 하나님의 사랑 또한 당연하게 여기지 않겠습니까? 모든 사랑에 대해 감사하고 황송한 마음으로 받기를 원합니다. 저 자신은 예수님이 아니었으면 사랑받기에 합당한 구석이 없는 존재였음을 늘 기억하게 하옵소서.

The Family as a Model

49

믿음이 있었기에

of the Kingdom of God

우리는 앞서 부모를 '공경한다'는 단어는 하나님을 마음을 다해 '공경한다' 라고 할 때 쓰는 단어와 똑같다는 것을 살펴보았습니다. 마음으로부터 우러나오는 사랑이 있는 진정한 봉사, 섬김, 이것이 바로 공경이라는 것입니다.

명절이면 자식이 꼬박꼬박 시골에 나타나고, 어버이날 고기나 사 보내고, 매달 자동이체로 돈이나 몇 푼씩 보내면, 시골 사람들은 그 집 효자 났다고 말할지도 모릅니다. 그러나 주님께서 말씀하시는 부모와 자식간의 공경하고 사랑하는 관계는 그 이상의 관계입니다. 마음으로부터 우러나오는 공경으로 화해할 수 없는 관계에서 진정한 용서가 이루어지는 관계로까지 나아가야 하는 것입니다.

이러한 관계의 발전을 위해서는 절대적인 신앙의 도움이 필요합니다.

룻이 무엇이라고 말하고 있습니까? "어머니의 백성이 나의 백성이 되고 어머니의 하나님이 나의 하나님이 되시리니 어머니께서 죽으시는 곳에서 나도 죽어 거기 장사될 것이라 만일 내가 죽는 일 외에 어머니와 떠나면 여호와께서 내게 벌을 내리시고 더 내리시기를 원하나이다"룻 1:16下-17.

룻이 이렇게 마음을 다해서 시어머니 나오미를 좇아가겠다고 사생 결단한 동기는 '아무 것도 가진 것 없이 먼 길을 떠나는 저 노인이 불쌍하다.' 라는 인간적인 측은함에서 비롯된 효성이 아닙니다. 본문에서 룻이 자신이 믿는 하나님의 이름을 거론하는 것으로 보아 그녀의 결단에는 신앙의 문제가 결부되어 있었음을 알 수 있습니다.

룻은 모압 지방의 여인이었고 그녀에게 있어서 남편의 집안을 통해 들어온 유일신 신앙은 몹시 낯설었을 것입니다. 하지만 그들과 함께 살면서 주님에 대한 깊은 사랑과 언약의 하나님에 대한 믿음이 생겨났던 것입니다. 나오미의 집안은 신앙적으로 성공한 집안이 아니었습니다. 그럼에도 그 집안을 통해서 여호와가 누구이신지 그리고 여호와가 무엇을 원하시는지, 신앙에 관한 지식들을 얻게 되었음은 틀림이 없습니다.

'청출어람' 靑出於藍이라고 했던가요? 이방인이면서 이스라엘 사람의 며느리로 들어온 룻은 원래 언약 백성이었던 엘리멜렉의 집안보다 더 깊이 여호와 하나님을 만나 신앙의 사람이 되었습니다. 죽기까지 어머니를 좇아가겠노라고 룻을 결단하게 한 그 힘은 인간적인 연민의 정이 아니라 신앙의 힘이었던 것입니다.

또한 룻은 이렇게 말합니다. "제가 죽는 것 이외에 당신과 헤어진다면 하나님이 제게 벌을 내리시기를 바랍니다." 무엇 때문이겠습니까? 룻은 하나님 앞에서 이런 의무를 다해야 하는 사람이 아니었습니다. 단지 그녀의 신앙이 이러한 의무감을 불러일으키게 한 것입니다. 이스라엘의 언약 백성인 어머니를 좇는 것이야말로 하나님의 나라를 기업으로 받을 수 있는 길이라고 굳게 믿었기에 이런 결단이 가능했던 것입니다.

자·녀·의·기·도

룻이 나오미를 공경하였던 동기가 신앙에서 비롯된 것이었음을 알았습니다. 아무리 부모님을 깊이 공경하려고 하여도 그 마음이 지속되지 않는 이유가 저의 효도가 신앙에 기반을 두고 있지 않기 때문임을 또한 깨닫습니다. 모든 계명이 마음과 뜻과 성품과 목숨을 다해 주님을 사랑하는 것이니, 부모님 사랑도 주님 사랑과 다르지 않음을 기억하겠습니다. 그래서 하나님 사랑에서 비롯된 마음의 동기로 부모님을 사랑하고 공경하기를 원합니다.

of the Kingdom of God

e Family as a Model

50

비상한 결단

룻은 일생 일대의 결단을 내립니다. 이 비범한 결단은 죽음을 담보로 한 신앙적인 결단이었습니다. "어머니의 백성이 나의 백성이 되고 어머니의 하나님이 나의 하나님이 되시리니 어머니께서 죽으시는 곳에서 나도 죽어 거기 장사될 것이라" 룻 1:16下.

이것은 우리에게 참으로 사랑을 실천하는 삶을 살기 위해서는 비상한 결단이 필요하다는 사실을 보여 줍니다. 룻은 그녀의 미래가 어떻게 되던지 언약의 하나님을 붙잡고 싶었고, 그 하나님을 보여 준 나오미와 함께 있어 하나님께 영원한 기업을 물려받을 자로 인정받기를 원했습니다. 그래서 목숨을 내어 놓고 죽어도 여호와 하나님 계시는 그곳에서 죽겠다는 결의를 보인 것입니다. 이것이 사랑입니다. 이것이 공경입니다. 하나님과 함께 있는 것이 아니면, 어머니와 함께 있는 것이 아니면 죽는 것이나 다름없다는 이 기특한 마음이 룻에게는 있었던 것입니다.

  우리는 믿음 없이 살면서 많은 상처로 얼룩져 있는 가족들이 십자가 앞으로 돌아와 하나님 아버지와 화목하고 가족간의 온전한 연합이 회복되는 것을 위해 기도합니다. 때로는 제법 눈물을 쏟으며 기도하기도 합니다. 하지만 이 귀한 일에 목숨 바쳐 헌신하지는 않으려고 하는 사람들이 많습니다. 이 문제는 거룩하고도 비범한 결단으로 헌신하지 않으면 흐지부지 되어 버릴 것입니다. 그러하기에 이미 망가진 가정들이 더 망가져 가는 비극이 되풀이되고 있는 것이 아닙니까?

  하나님께서는 당신의 사랑하는 자녀들이 당신이 마련해 놓으신 가정이라는 제도 속에서 하나님을 함께 모시고, 하나님의 나라와 같은 행복을 느끼며 살기를 원하십니다. 그것을 통해 하나님의 자녀들은 위로와 안식을 얻는 것입니다. 하나님이 이러한 간절한 열망을 가지고 계시는데 우리들은 상처 하나를 빌미로 파괴되고 조각난 가족 관계를 숙명처럼 여기며 살아가고 있지는 않습니까?

  하나님께서 우리에게 어떤 은혜를 주셨습니까? 가치 없는 우리들을 하나님께서 어떻게 사랑하시고, 완고하고 고집스러운 우리들을 하나님께서 어떻게 보살피셨습니까? 우리가 하나님의 마음에 얼마나 많은 상처를 드렸으며, 얼마나 많은 날들을 주님의 은혜를 원수로 갚는 배은망덕한 삶을 살았습니까? 그럼에도 우리가 돌아가면 하나님께서는 언제나 거기 계셨습니다. 우리가 하나님을 떠나 어두운 죄악의 길에 들어섰을 때에도 주님의 사랑은 변함없어서, 우리를 추적하고 찾아내셔서 그 사랑 앞에 무릎 꿇게 만들었던 사랑이었습니다.

　주님을 알지 못했을 때에는 여러분에게 부모의 사랑은 너무나 큰 자리를 차지했고, 그 사랑이 충족되지 못하여 받은 상처도 그만큼 컸습니다. 이제 부모님보다 더 큰 하나님을 만나고 부모님이 깨닫지 못했던 피문은 그리스도 예수의 복음을 깨닫게 되었습니다. 또한 여러분을 향한 하나님의 사랑, 상처를 준 여러분의 부모를 향한 하나님의 사랑이 얼마나 큰지도 깨닫게 되었습니다. 이제는 오히려 여러분이 영적인 부모가 되어서 여러분에게 고통을 주었던 부모를 끌어안는 삶으로 나아가야 합니다. 부모와 단절된 관계에 놓인 모든 그리스도인들에게는 이러한 거룩한 사명이 있습니다. 여러분! 우리는 이제까지 망가진 부모와의 관계를 운명처럼 생각하며 살아왔던 삶이 하나님 앞에 얼마나 패역한 삶이었는지 깊이 뉘우치고, 주님의 은혜에 대해서 얼마나 그릇되게 반응하고 있었는지 깊이 참회하는 마음을 가져야 합니다.

자 · 녀 · 의 · 기 · 도

　저절로 얻을 수 있는 사랑은 없습니다. 우리를 위한 사랑을 온전히 성취하시기 위해 엄청난 대가를 치르신 예수님을 생각합니다. 우리도 한 사람을 진정으로 사랑하기 위해서는 우리 분량에 맞는 십자가를 져야 할 텐데, 그 일이 어찌 결단 없이 진행될 수 있겠습니까? 주님! 부모님을 사랑하겠습니다. 그분들을 끝까지 사랑하겠습니다. 이를 위한 저의 비범한 결단을 기쁘게 받으시고, 실천할 힘을 허락해 주소서.

사명선언문

너희가 흠이 없고 순전하여……세상에서 그들 가운데 빛들로
나타내며 생명의 말씀을 밝혀 _ 빌 2:15-16

1. 생명을 담겠습니다
만드는 책에 주님 주신 생명을 담겠습니다.
그 책으로 복음을 선포하겠습니다.

2. 말씀을 밝히겠습니다
생명의 근본은 말씀입니다.
말씀을 밝혀 성도와 교회의 성장을 돕겠습니다.

3. 빛이 되겠습니다
시대와 영혼의 어두움을 밝혀 주님 앞으로 이끄는
빛이 되는 책을 만들겠습니다.

4. 순전히 행하겠습니다
책을 만들고 전하는 일과 경영하는 일에 부끄러움이 없는
정직함으로 행하겠습니다.

5. 끝까지 전파하겠습니다
모든 사람에게, 땅 끝까지, 주님 오시는 그날까지
복음을 전하는 사명을 다하겠습니다.

서점 안내

광화문점 서울시 종로구 새문안로 69 구세군회관 1층
02)737-2288 / 02)737-4623(F)

강남점 서울시 서초구 신반포로 177 반포쇼핑타운 3동 2층
02)595-1211 / 02)595-3549(F)

구로점 서울시 동작구 시흥대로 602, 3층 302호
02)858-8744 / 02)838-0653(F)

노원점 서울시 노원구 동일로 1366 삼봉빌딩 지하 1층
02)938-7979 / 02)3391-6169(F)

일산점 경기도 고양시 일산서구 중앙로 1391 레이크타운 지하 1층
031)916-8787 / 031)916-8788(F)

의정부점 경기도 의정부시 청사로47번길 12 성산타워 3층
031)845-0600 / 031)852-6930(F)

인터넷서점 www.lifebook.co.kr